Japanese Pronunciation Practice through Shadowing
跟读方式日语发音课程
섀도잉 일본어 발음레슨

シャドーイングで日本語発音レッスン

戸田貴子【編著】

大久保雅子　神山由紀子
小西　玲子　福井貴代美　【著】

スリーエーネットワーク

©2012 by Toda Takako, Okubo Masako, Kamiyama Yukiko, Konishi Reiko, and Fukui Misaki

All rights reserved. No part of this publication may be reproduced, stored in a retrieval system or transmitted in any form or by any means, electronic, mechanical, photocopying, recording, or otherwise, without the prior written permission of the Publisher.

Published by 3A Corporation.
Trusty Kojimachi Bldg., 2F, 4, Kojimachi 3-Chome, Chiyoda-ku, Tokyo 102-0083, Japan

ISBN978-4-88319-592-3 C0081

First published 2012
Printed in Japan

まえがき

　本書は、伝えたい内容や気持ちが伝わるなめらかな発音を習得することを目指した発音練習教材です。学習者の学習目的が多様化する中、「なめらかな発音で、言いたいことがきちんと伝えられるようになりたい」と思う学習者が増えています。

　学習者の発音上の問題が、実際のコミュニケーションに影響を及ぼすことも報告されています。話し手が言いたいことを伝えようとしても発音上の問題でうまく伝わらないことや、仮に意味が伝わったとしても、話し手が意図しない印象を聞き手に与えてしまうこともあります。たとえば、成人学習者でも、幼児の発音を連想させる発音は、幼稚であるとか、子供っぽいという印象を持たれることがあります。さらに、高い能力を持つ学習者でも、発音がたどたどしいと能力に欠けるという評価に結び付くことすらあります。また、学習者の発音の特徴によっては、怒っているようだとか、きつい性格であるという印象を持たれることもあります。

　発音は第一印象に影響を与えるものです。「発音が不自然だ」「発音がわかりにくい」という印象は、挨拶や自己紹介を聞いただけで誰でも持ちうるものです。このため、発音の問題は学習者の情意面にも影響を及ぼし、日本語学習全体における学習意欲の低下や、消極的な学習姿勢および学習不安を引き起こす原因になることもあります。

　日本語教育において、音声が単に母音・子音というような小さいレベルの言語構成要素として捉えられていた時代もありました。しかし現在は、音声は話しことばによるコミュニケーションの基盤とな

るものであり、口頭表現、聴解、文章表現、漢字、語彙、文法、談話、待遇表現など、日本語教育の諸領域とも関わるものであるということがわかっています。以上のことから、音声教育の必要性が指摘されています。

　このような状況を踏まえ、早稲田大学日本語教育研究センターでは2000年度から発音関連講座を開講し、学習者に発音学習機会を提供してきました。2009～2010年度には、早稲田大学日本語教育研究センターの重点研究プロジェクトの成果として、発音練習教材『発音練習のためのシャドーイング』を開発しました。この教材を実際に授業で使用し、実践を踏まえた上で、新プロジェクトを立ち上げ、新たに本文を書き起こし、作成したのが本書です。授業の一部としても取り入れられ、独習者も無理なく使えるよう、1課あたり10～15分で練習できるようになっています。本書が、世界のさまざまな国や地域で「伝わる日本語」を習得したいと願っているみなさんの学習の一助となれば幸いです。

　最後になりましたが、スリーエーネットワークの田中綾子さんのご助言なしには本書の刊行はあり得ませんでした。共に良い教材を作成したいという熱意から、長時間議論を繰り返し、何度も丁寧なコメントをいただきました。この場をお借りして、感謝の意を表します。

2012年2月6日

プロジェクト代表者　戸田貴子

本書について

本書の特徴

① 発音の上達に必要な音声知識を得ることができます。
② 自然でなめらかな発音を身につけることができます。
③ 日本文化、観光名所、ことわざ等、豊富な話題が盛り込まれており、発音練習をしながら、役立つ情報を得ることができます。
④ 音声特徴を視覚的に示しており、アクセントとピッチ・カーブを見ながら練習することができます。
⑤ 初級から中級の国内外の学習者を対象に作成されており、独学でも授業でも使用できます。

本書の全体構成

課	タイトル	取り扱う音声項目	独話／会話	フォーマル／インフォーマル
1	はじめまして	挨拶の発音	会話	フォーマル
2	会議	拍	会話	フォーマル
3	お土産	リズム①	会話	フォーマル
4	レストラン予約	リズム②	会話	フォーマル
5	なぞなぞ①	名詞のアクセント	独話	インフォーマル
6	イチロー	人名のアクセント	独話	フォーマル
7	友達同士	文末イントネーション①	会話	インフォーマル
8	欠席	文末イントネーション②	会話	フォーマル
9	手巻きずし	連濁	独話	フォーマル
10	なぞなぞ②	助数詞	独話	フォーマル
11	日本語ぺらぺら	オノマトペ	会話	インフォーマル
12	棚からぼたもち	短縮語	会話	インフォーマル
13	片仮名ことば	外来語	会話	インフォーマル
14	お互いさま	縮約形	会話	インフォーマル
15	住めば都	強調	独話	フォーマル
16	今日の天気	母音の無声化	独話	フォーマル
17	秋葉原の文化	複合語のアクセント	独話	フォーマル
18	奈良の大仏	動詞のアクセント	独話	フォーマル
19	三日坊主	表現意図とイントネーション	会話	フォーマル
20	若さの秘訣	への字型イントネーション	独話	フォーマル

各課の構成

●本文
シャドーイング練習用の本文で、男女両方使えるよう配慮しています。文全体の声の高さの変化がピッチ・カーブで示されています。自然な発音を重視し、ひと区切りで読むまとまりの最初のアクセント核にカギ（┐）をつけています。「発音のポイント」で取り上げられており、特に注意すべき部分は太字になっています。

●発音のポイント
「本文」の中で特に注意すべき音声項目をわかりやすく解説しています。

●練習問題
「発音のポイント」で示した項目を練習します。練習問題にも音声がついていますので、よく聞いて確認することができます。

●チェック
課で学習したことが理解できているかどうか、チェックします。

●ノート
役に立つ情報を補足しています。

表記について

基本的に常用漢字（平成22年内閣告示）は漢字を使用していますが、一部著者の判断でひらがなを使用しています。
漢字にはすべて振り仮名をつけてあります。

マークについて

本文のマークの意味は次のとおりです。

 ……独話   ……会話

 ……フォーマル   ……インフォーマル

本書をお使いになる先生へ

本書について

　本書は、「シャドーイング」という練習方法を使った発音練習教材です。「シャドーイング」とは、聞こえてくる音声を一文が終わるのを待たずに、すぐさま繰り返す方法です。練習を通して、日本語のアクセント・リズム・イントネーションなどに親しみ、なめらかな発音ができるようになることを目指します。

　シャドーイングには「プロソディーシャドーイング」と「コンテンツシャドーイング」があります。「プロソディーシャドーイング」はリズム・アクセント・イントネーションなどに注目し、発音に意識を向けていくものです。一方、「コンテンツシャドーイング」は意味理解を重視したものです。本書は「プロソディーシャドーイング」を使った発音練習教材です。

　素材は、初級から中級の学習者が使えるように配慮しました。本書を使用し、シャドーイング練習に慣れたら、最終的には学習者自身が関心のあるニュース、ドラマ、アニメなどをテレビ、DVD、YouTube、Podcastなどから選択し、自律的に練習を継続していけるようになることを目指しています。

本書の使い方

・1）学習者が関心を持てるトピックを選択すること、2）意味が完全に理解できなくても、まずは日本語の音声に注目し、慣れるようサポートすること、3）完全にリピートできなくても、聞き取れたところだけシャドーイングしてみるという柔軟な姿勢を持つことなどを考慮しつつ、練習を進めていきます。
・1回の授業時間の目安は10分～15分程度で、1課を1回で練習できるように構成されています。しかし、授業時間や学習者のレベルに合わせて、1課を2、3回に分けて行うことも可能です。
・授業では本文と発音のポイント（ノート）を扱い、練習問題を宿題にします。次の授業のときに練習問題の答え合わせ（チェックでその課の学習項目を復習）をして、最後にもう一度本文を練習するとより効果的です。（次の「学習者のみなさんへ」もご参照ください。）

学習者のみなさんへ

　自然でなめらかな発音ができるようになるために、この本でシャドーイング練習をしながら、発音の知識を得ましょう。

シャドーイングについて

　なめらかな発音ができるようになるためには、発音練習の機会を増やし、音声に意識を向ける習慣をつけることが大切です。シャドーイング練習を続けるためには、全部聞き取れなくても、まずは聞き取れたところだけでも発音するということをお勧めします。練習が進むにつれ、たくさん聞き取れ、発音できるようになっていくでしょう。
　また、いつでもどこでも練習できるようにするためには、次のように場所や状況によってシャドーイングの方法を使い分けるといいでしょう。

(1) 一般的なシャドーイング
　声を出して行うシャドーイングです。一文が終わるのを待たずに、聞こえてくる音声をすぐさまリピートします。授業でシャドーイングするときや、家の中、周りに人がいないときなどに向いています。

(2) マンブリング
　小さな声でつぶやくように行う方法です。大きな声が出せない場所での練習に向いています。授業でシャドーイングしていて、となりの人が気になるときはマンブリングにすることもできます。また、日本人の生の発音を聞いて、マンブリングを行うこともできます。

(3) サイレント・シャドーイング
　まったく声を出さず、頭の中だけで行う方法です。電車の中など声を出せない場所での練習に向いています。また、日本人の生の発音を聞いて、サイレント・シャドーイングを行うこともできます。

シャドーイングについては、次のURLの『日本語でシャドーイング』でも見ることができます。

→ http://www.gsjal.jp/toda/shadowing.html

本書の使い方

二つの練習方法を紹介します。自分に合った練習方法を選んでください。

(1) 最初から文字を見ないで練習する
① シャドーイング1回目　文字を見ないで、CDを聞いてシャドーイング
② シャドーイング2回目　本文の‥‥‥‥‥‥（ピッチ・カーブ）を見て、声の高さに気をつけてシャドーイング
③ 発音のポイント
　（参考動画：https://www.3anet.co.jp/np/resrcs/341240/）
④ 練習問題（チェック、ノート）
⑤ シャドーイング3回目　もう一度文字を見ないで、CDを聞いてシャドーイング。このとき、声の高さと発音のポイントに気をつけます。

(2) 最初は文字を見て練習する
① 音読　CDを聞きながら、本文を声に出して読む。
② シャドーイング1回目　本文の‥‥‥‥‥‥（ピッチ・カーブ）を見て、声の高さに気をつけてシャドーイング
③ 発音のポイント
　（参考動画：https://www.3anet.co.jp/np/resrcs/341240/）
④ 練習問題（チェック、ノート）
⑤ シャドーイング2回目　もう一度文字を見ないで、CDを聞いてシャドーイング。このとき、声の高さと発音のポイントに気をつけます。

最後のシャドーイング練習のときに、自分の声を録音して、本文のピッチ・カーブと比べながら聞いてみるといいでしょう。

🖋 To All Learners

This book shows how to develop fluent and natural pronunciation using shadowing practice.

Shadowing

To develop proficient pronunciation, it is important to use every opportunity to practice, and to develop the habit of paying attention to vocal sounds. To keep up your shadowing practice, it is recommended that you start by pronouncing whatever you seem to hear, even if you cannot pick up everything that is said. As your practice progresses, you will become able to hear and pronounce more of what is being said.

Also, in order to be able to practice anytime, anywhere, choose from the following shadowing methods, depending on the place and situation.

(1) General shadowing

With this method, you start to repeat aloud what you hear before the speaker finishes the sentence. This works well when practicing in class, at home, or in situations where there is nobody else around.

(2) Mumbling

This is similar, except you speak in a low voice, as if speaking softly to yourself. It is suitable for practicing in situations where you cannot raise your voice, such as if you do not wish to disturb other students. You can also "mumble" to yourself when listening to Japanese people talking near you.

(3) Silent shadowing

With this variation, you repeat the sounds you hear in your head without voicing them. This is suitable for practicing in situations where you are unable to speak, such as on a train. You can also use this method when listening to Japanese people talking near you.

You can learn more about these shadowing methods by referring to "Shadowing in Japanese": http://www.gsjal.jp/toda/shadowing.html

How to Use this Book

There are two recommended practice methods described below. Choose whichever suits you.

(1) Practice without prior reference to the text

① **First shadowing**   Listen to the CD and shadow it without looking at the text.

② **Second shadowing**   Shadow by looking at the pitch curves in the text and paying attention to the pitch of the speaker's voice on the CD.

③ **Study the key pronunciation points**
(Reference video: https://www.3anet.co.jp/np/resrcs/341240/)

④ **Practice questions (checking, notes)**

⑤ **Third shadowing**   Listen to the CD and shadow it once more, without looking at the text. This time, paying attention to the pitch of the speaker's voice and the key pronunciation points.

(2) Practice by first looking at the text

① **Reading aloud**   Read the text aloud as you listen to the CD.

② **First shadowing**   Shadow by looking at the pitch curves in the text and paying attention to the pitch of the speaker's voice on the CD.

③ **Study the key pronunciation points**
(Reference video: https://www.3anet.co.jp/np/resrcs/341240/)

④ **Practice questions (checking, notes)**

⑤ **Second shadowing**   Listen to the CD and shadow it once more, without looking at the text. This time, paying attention to the pitch of the speaker's voice and the key pronunciation points.

Finally, once you have completed this process, it is recommended that you record your own voice and listen to it to compare your speech with the pitch curves in the text.

致利用本书学习者

为了掌握自然而流利的发音，让我们利用此书，通过跟读的练习来学习发音的知识。

关于跟读

要掌握流利的发音，增加发音练习的机会，养成意识音声的习惯是非常重要的。为了能将跟读练习坚持下去，建议大家即使没有全部听下来，也可以先跟着发音，练习听下来的部分。随着练习的不断深入，听下来的会越来越多，发音也就会随之掌握了。

另外，为了能够随时随地进行练习，可以像下面那样，根据地点以及情况分别采用不同的跟读方法。

(1) 一般跟读

大声地跟读。不要等到一句话结束，听到音声之后立即加以重复。适合于在课堂上进行跟读、或在家里、周围没有别人时的练习。

(2) 小声跟读

小声自语地进行跟读的方法。适合于在不能大声讲话的场所进行的练习。在课堂上，对旁边的人有所介意时，也可以采用小声跟读的方法。另外，在听日本人讲话时，也可小声地跟读。

(3) 不出声跟读

完全不出声音，只是在心里默默地重复的方法。适合于在电车里等不宜出声的场所进行的练习。另外，在听日本人讲话时，也可在心里默默地跟读。

关于跟读，可以参照以下 URL 『日本語でシャドーイング』
→ http://www.gsjal.jp/toda/shadowing.html

本书的使用方法

介绍两种练习方法，请选择适合于自己的练习方法。

(1) 开始时不看文字进行练习

① 跟读第一遍　不看文字，听CD进行跟读。

② 跟读第二遍　看着课文的 ⋯⋯⋯⋯⋯⋯（音调高低的曲线），跟读时注意声调的高低。

③ 发音的要点（请看影片：https://www.3anet.co.jp/np/resrcs/341240/）

④ 练习问题（核对、笔记）

⑤ 跟读第三遍　再一次不看文字，听CD进行跟读。跟读时注意声调的高低和发音的要点。

(2) 开始时看文字进行练习

① 朗读　听着CD，出声朗读课文。

② 跟读第一遍　看着课文的 ⋯⋯⋯⋯⋯⋯（音调高低的曲线），跟读时注意声调的高低。

③ 发音的要点（请看影片：https://www.3anet.co.jp/np/resrcs/341240/）

④ 练习问题（核对、笔记）

⑤ 跟读第二遍　再一次不看文字，听CD进行跟读。跟读时注意声调的高低和发音的要点。

　　在进行最后的跟读练习时，可以把自己的声音录下来，对照课文的音调高低曲线听一下看。

🖋 학습자 여러분께

자연스럽고 부드러운 발음을 할 수 있도록 이 책으로 섀도잉(Shadowing) 연습을 하면서 발음 지식을 습득합시다.

섀도잉(Shadowing)에 대해서

부드러운 발음을 할 수 있도록 하기 위해서는 발음연습의 기회를 늘리고 음성에 의식을 하는 습관을 들이는 것이 중요합니다. 섀도잉 연습을 계속하기 위해서는 전부 듣지 못해도 우선은 들을 수 있었던 부분만이라도 발음해 보도록 하는 방법을 추천합니다. 연습이 계속됨에 따라 많이 들을 수 있고 발음할 수 있게 될 것입니다.
또한 언제라도, 어디서라도 연습할 수 있도록 하기 위해서는 다음과 같이 장소나 상황에 따라서 섀도잉의 방법을 나눠서 사용하면 좋을 것입니다.

(1) 일반적인 섀도잉 (Shadowing)
　소리를 내면서 하는 섀도잉입니다. 한 문장이 끝나는 것을 기다리지 말고 들리는 음성을 바로 따라합니다. 수업에서 섀도잉 할 때나 집 안, 주위에 사람이 없을 때 등에 적합합니다.

(2) 멈블링 (Mumbling)
　작은 소리로 중얼거리듯이 하는 방법입니다. 큰 소리를 낼 수 없는 장소에서의 연습에 적합합니다. 수업에서 섀도잉 하고 있는데 옆 사람이 신경이 쓰일 때는 멈블링도 가능합니다. 또한 일본사람의 육성을 듣고 멈블링을 할 수도 있습니다.

(3) 사이렌트 섀도잉 (Silent shadowing)
　전혀 소리를 내지 않고 머릿속으로만 하는 방법입니다. 지하철 안 등 소리를 낼 수 없는 장소에서의 연습에 적합합니다. 또한 일본사람의 육성을 듣고 사이렌트 섀도잉을 할 수도 있습니다.

섀도잉에 대해서는 다음의 URL『日本語でシャドーイング』로도 볼 수 있습니다.

→ http://www.gsjal.jp/toda/shadowing.html

이 책의 사용법

두 가지 연습방법을 소개하겠습니다. 자기에게 맞는 연습방법을 선택하십시오.

(1) 처음부터 글자를 보지 않고 연습한다
① **섀도잉 첫 번째** 글자를 보지 않고 CD를 듣고 섀도잉
② **섀도잉 두 번째** 본문의 ⋯⋯⋯⋯⋯(억양 표시, pitch curve)를 보고 목소리의 높이에 주의하면서 섀도잉
③ **발음의 포인트**
   (참고 동영상 : https://www.3anet.co.jp/np/resrcs/341240/)
④ **연습문제 (체크, 노트)**
⑤ **섀도잉 세 번째** 한번 더 글자를 보지 않고 CD를 듣고 섀도잉. 이 때 목소리의 높이와 발음의 포인트에 주의합니다.

(2) 처음부터 글자를 보고 연습한다
① **음독** CD를 들으며 본문을 소리내어 읽는다.
② **섀도잉 첫 번째** 본문의 ⋯⋯⋯⋯⋯(억양 표시, pitch curve)를 보고 목소리의 높이에 주의하면서 섀도잉
③ **발음의 포인트**
   (참고 동영상 : https://www.3anet.co.jp/np/resrcs/341240/)
④ **연습문제 (체크, 노트)**
⑤ **섀도잉 두 번째** 한번 더 글자를 보지 않고 CD를 듣고 섀도잉. 이 때 목소리의 높이와 발음의 포인트에 주의합니다.

마지막 섀도잉 연습 때 자신의 목소리를 녹음해서 본문의 억양 표시와 비교하면서 들어보면 좋을 것입니다.

目次

まえがき
本書について..5
本書をお使いになる先生へ..................7
学習者のみなさんへ.................................8

第1課　はじめまして………18
第2課　会議………………………21
第3課　お土産……………………24
第4課　レストラン予約……27
第5課　なぞなぞ①……………31
第6課　イチロー………………35
第7課　友達同士………………38
第8課　欠席………………………41
第9課　手巻きずし……………44
第10課　なぞなぞ②……………48

第11課　日本語ぺらぺら……51
第12課　棚からぼたもち……54
第13課　片仮名ことば………58
第14課　お互いさま……………62
第15課　住めば都………………65
第16課　今日の天気……………68
第17課　秋葉原の文化………71
第18課　奈良の大仏……………74
第19課　三日坊主………………78
第20課　若さの秘訣……………82

別冊　本文訳（英語・中国語・韓国語）

さあ、はじめよう！

第 **1** 課 ～ 第 **20** 課

 # 第1課　はじめまして

学校で

チェン：　田中先生、**おはようございます。**

先生：　　あ、おはよう。今日も暑いねえ。

チェン：　ええ。本当に暑いですね。

　　　　　あ、先生、こちらはキムさんです。

キム：　　**はじめまして。どうぞよろしくお願いします。**

先生：　　キムさんは、日本は初めてですか。

キム：　　はい。先週日本に来ました。

先生：　　そうですか。日本語の勉強、がんばってくださいね。

キム：　　ありがとうございます。これから一生懸命がんばります。

チェン：　じゃあ、失礼します。キムさん、またあとで。

発音のポイント

> おはようございます　／　はじめまして　／
> どうぞよろしくお願いします

挨拶はいい関係をつくるために大切です。丁寧に発音しましょう。くだけた言い方もあり、家族や仲のいい友達と話すとき、よく使われます。

1. 丁寧な言い方

　・おはようございます

　・どうぞよろしくお願いします

　・はじめまして

　・ありがとうございます

　・お先に失礼します

2. くだけた言い方

　・おはよう

　・よろしく

　・ありがとう

　・お先に

参考動画：https://www.3anet.co.jp/np/resrcs/341240/　「第1課　はじめまして」

練習問題

次の会話を発音しましょう。

1) A：山田さん、おはようございます。
   B：あ、ユンさん、おはようございます。
   A：今日はいいお天気ですね。

2) A：あ、おはよう。
   B：あ、ユンさん、おはよう。
   A：今日も暑いねえ。

3) A：こちらはユリアさんです。
   B：はじめまして、田中です。
   C：はじめまして、ユリアです。どうぞよろしくお願いします。

4) A：この間はいろいろお世話になりました。
   B：いえ。また何かあったらいつでもどうぞ。
   A：ありがとうございます。これからもよろしくお願いします。

5) A：じゃあ、お先に。
   B：またあとでね。

第2課 会議

会社で

ワン： 課長、そろそろ2時からの会議の準備をします。

課長： ああ、そうだね。出席者は14名だったね。

ワン： はい、椅子を16脚セッティングしておきます。

課長： うん、じゃ、よろしくね。

　　　 あっ、そうそう。会議の途中で、**コーヒー**を頼むね。

ワン： はい、では、**1階**の喫茶店に注文しておきます。

　　　 何時ごろがいいでしょうか。

課長： ううん。**3時半**ごろがいいかな。

ワン： はい、わかりました。

発音のポイント

課長　/　コーヒー　/　1階　/　3時半

仮名一つは1拍の長さの音です。「きゃ、きゅ、きょ」など小さい「ゃ、ゅ、ょ」がついた音も1拍の長さです。
「のばす音」、「ん」、「小さい『っ』」も1拍の長さがあります。

①②③
かちょう［3拍］

①②③④
コーヒー［4拍］

①②③④
いっかい［4拍］

①②③④⑤
さんじはん［5拍］

1. 2拍

   いす（椅子）　　おちゃ（お茶）　　ほん（本）

2. 3拍

   つくえ（机）　　じむしょ（事務所）　　ざっし（雑誌）

3. 4拍

   うけつけ（受付）　　しゅくだい（宿題）　　テーブル

4. 5拍

   ひるやすみ（昼休み）　　プレゼント

参考動画：https://www.3anet.co.jp/np/resrcs/341240/ 「第2課 会議」

練習問題

1. 次のことばを発音しましょう。

1) にじ、よじ、ごじ、くじ
   （2時、4時、5時、9時）
2) いちめい、さんめい、よんめい、はちめい
   （1名、3名、4名、8名）
3) しゅっせきしゃ、けっせきしゃ、かんけいしゃ、けんきゅうしゃ
   （出席者、欠席者、関係者、研究者）
4) じゅうよんきゃく、じゅうろっきゃく、じゅうきゅうきゃく
   （14脚、16脚、19脚）

2. 次の文を発音しましょう。

1) 出席者は14名です。
2) 会議で発表をします。
3) ちょっと、喫茶店で待っていてください。
4) コーヒーとケーキを3人分注文しましょう。

✓ チェック

● CDを聞いて、次のことばは何拍か書きましょう。

1) とちゅう（途中）＿＿＿拍　　2) きっさてん（喫茶店）＿＿＿拍
3) じゅうろっきゃく（16脚）＿＿＿拍

チェックの答え…… 1) 3　2) 5　3) 6

第3課　お土産

会社で

リ： おはようございます。あのう、これ、お土産です。どうぞ。

鈴木： ありがとう。何ですか？

リ： 中国のお茶です。ウーロン茶です。

鈴木： ウーロン茶、大好きなんです。ありがとう。

リ： ああ、**よかった**。どうぞ、飲んでください。

鈴木： お国へ帰ったんですか。

リ： はい、先週帰って、家族に会いました。

鈴木： そうですか。ご家族は**みなさん**お元気でしたか。

リ： はい。みんなで母の手料理を食べて、楽しかったです。

鈴木： それは**よかった**ですね。

発音のポイント

> 中国 / よかった / みなさん

　自然な発音をするにはリズムが大切です。2拍をまとめて発音すると、自然なリズムになります。
　「のばす音」「ん」「小さい『っ』」は1拍の長さがあります。前の音と一緒にして、2拍のリズムで発音します。

　　　① ②③④　　　　　①②③④　　　　①②③④
　　ちゅうごく（中国）　　よかった　　　　みなさん

 例

1.「のばす音」のリズム

　　ちゅうごく　　　ありがとう　　　どうぞ

2.「ん」のリズム

　　みなさん　　　　げんき　　　　ウーロンちゃ

3.「小さい『っ』」のリズム

　　よかった　　　　いっしょに　　　たのしかった

参考動画：https://www.3anet.co.jp/np/resrcs/341240/　「第3課 お土産」

練習問題

1. 次のことばを発音しましょう。

1) どうも
2) かえった（帰った）
3) かんこく（韓国）
4) りょうり（料理）
5) せんしゅう（先週）
6) にほんちゃ（日本茶）
7) いそがしかった（忙しかった）
8) たくさん

2. 次の文を発音しましょう。

1) どうもありがとうございます。
2) 先生、おはようございます。
3) みなさん、お元気ですか。
4) 中国のウーロン茶はおいしかったです。
5) きのうは楽しかったです。

📝 ノート

● 「小さい『っ』」のあることばのリズムは、『っ』のところで手を閉じて、すぐに開いて練習するといいでしょう。

よ　　　か　　　っ　　　た

第4課　レストラン予約

電話で

店員：　はい、レストラン「さくら」です。

山田：　予約をお願いしたいんですが…。

店員：　いつのご予約でしょうか。

山田：　あしたの7時です。

店員：　何名様ですか。

山田：　2名です。

店員：　かしこまりました。では、お名前をいただけますか。

山田：　山田かおるです。

店員：　山田かおる様ですね。お電話番号をお願いします。

山田：０９０—１２３４—５６７８です。

店員：復唱いたします。
　　　０９０—１２３４—５６７８でよろしいでしょうか。

山田：はい。

店員：では、７月１０日水曜日、７時にお待ちしております。

山田：お願いします。

店員：ご予約ありがとうございました。

発音のポイント

```
     ゼロきゅうゼロ   いちにいさんよん   ごうろくななはち
      ０９０     １２３４     ５６７８
```

電話番号の数字は２拍のリズムで発音します。２は「にい」、５は「ごう」と伸ばします。

0	1	2	3	4	5	6	7	8	9
ゼロ	いち	にい	さん	よん	ごう	ろく	なな	はち	きゅう

「０９０－１２３４－５６７８」の「－」は次のどちらかで発音します。
→「の」と発音します。
→何も発音せずにポーズを入れます。

例

・０３－３１２－９８５６
  （ゼロさん の さんいちにい の きゅうはちごうろく）
  （ゼロさん ／ さんいちにい ／ きゅうはちごうろく）

・０６０－２５３－４８１８
  （ゼロろくゼロ の にいごうさん の よんはちいちはち）
  （ゼロろくゼロ ／ にいごうさん ／ よんはちいちはち）

参考動画：https://www.3anet.co.jp/np/resrcs/341240/ 「第４課 レストラン予約」

練習問題

1. 次の電話番号を発音しましょう。

1) ０９０－０２８－５３９１
2) ０３－２７５－４２５５
3) ０８０－９７５－３４５３
4) ０６－２５２－１５７６
5) ８１－３－０２５－８８２６

2. CDを聞いて、電話番号を書きましょう。

1) _____
2) _____
3) _____
4) _____
5) _____

✏ ノート

●曜日も２拍のリズムで発音します。

| 月 | 火 | 水 | 木 | 金 | 土 | 日 |
| げつ | か<u>あ</u> | すい | もく | きん | ど<u>う</u> | にち |

火木土（か<u>あ</u>もくど<u>う</u>）

金土日（きんど<u>う</u>にち）

練習問題の答え......2：1) 020-285-9147 2) 090-095-8523 3) 03-125-7654
　　　　　　　　4) 080-032-9828 5) 81-3-614-7690

第5課　なぞなぞ①

なぞなぞを三つ出すよ。

1番、食べると酔う魚、何だ？

2番、こわれているのに、ラーメン屋のテーブルの上に置いてあるもの、何だ？

3番、人や車が行ったり来たりするけど、真ん中を通ることができない場所、どこだ？

1番の答えは、「鮭」。飲むと酔う飲み物は、「酒」だから、食べると酔う魚は「鮭」。

2番の答えは、「胡椒」。「こわれている」をほかの言い方にすると

「故障している」になるからね。

3番は、「真ん中を通ることができない」、

「端を通らなければならない」ということだから、

答えは「橋」だよ。

発音のポイント

鮭—酒　／　胡椒—故障　／　端—橋

名詞は、音は同じでもアクセントによって意味が変わるものがあります。
名詞のアクセントは四つの種類があります。

Ⅰ	○｜が	○○｜が	○○○｜が	○○○○｜が
Ⅱ	○｜が	○○が	○○○が	○○○○が
Ⅲ			○○○が	○○○○が
Ⅳ		○○が	○○○が	○○○○が

ⅠとⅣは、名詞のアクセントは同じですが、助詞（「が」「を」など）の声の高さが違います。

例

- 酒　　さけが　　○○｜が　…Ⅰ
- 鮭　　さけが　　○○が　　…Ⅱ

- 故障　こしょうが　○○○｜が　…Ⅰ
- 胡椒　こしょうが　○○○が　　…Ⅲ

- 端　　はしが　　○○｜が　…Ⅰ
- 箸　　はしが　　○○が　　…Ⅱ
- 橋　　はしが　　○○が　　…Ⅳ

参考動画：https://www.3anet.co.jp/np/resrcs/341240/　「第5課 なぞなぞ①」

練習問題

1. CDを聞いて、選びましょう。

1) a. さ̄け|が（酒）　　　b. さけ|が（鮭）
2) a. こ̄|しょうが（故障）　b. こ|しょ̄うが（胡椒）
3) a. は̄し|が（橋）　　　b. はし|が（端）
4) a. あ̄めが（雨）　　　b. あめ|が（飴）

2. 次の文を発音しましょう。

1) 駅は橋を渡って右に曲がるとあります。
2) 魚の中では鮭が一番好きです。
3) 危ないので道の端を歩いてください。
4) この車は故障が多いです。
5) いつもラーメンに胡椒をかけて食べます。

ノート

新しいことばを覚えるときは、アクセントも一緒に覚えるといいでしょう。アクセントは、アクセント辞典を使って確認することができます。例えば『ＮＨＫ日本語発音アクセント辞典新版』（ＮＨＫ放送文化研究所編）などがあります。

練習問題の答え……1：1）a 2）a 3）b 4）a

第(だい)6課(か)　イチロー

みなさんは、イチロー選手(せんしゅ)を知(し)っていますか。

そう。野球(やきゅう)選手(せんしゅ)のイチローです。

なぜ、名字(みょうじ)がなくて、名前(なまえ)だけなのでしょうか。

実(じつ)は、本名(ほんみょう)は「**鈴木**(すずき)一朗(いちろう)」と言(い)います。

しかし、「**鈴木**(すずき)」も「一朗(いちろう)」もありふれた名前(なまえ)です。

監督(かんとく)が「もっと目立(めだ)つ名前(なまえ)にしたほうがいい」と言(い)ったので、

「イチロー」にしたそうです。

たしかに、**佐藤**(さとう)、**鈴木**(すずき)、**高橋**(たかはし)という名字(みょうじ)は多(おお)いです。

「イチロー」は名字(みょうじ)をとったうえに、片仮名(かたかな)にしたので、

とても目立(めだ)ちます。

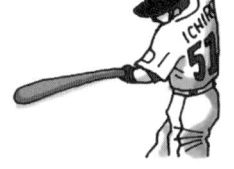

発音のポイント

鈴木 ／ 佐藤 ／ 高橋

名字のアクセントには、下がり目があるものとないものがあります。下がり目があるものは、1拍目か、後ろから3拍目にあります。

鈴木（す|ずき）　佐藤（さ|とう）　高橋（た|かはし）

1. 下がり目がないもの

    阿部（あ|べ）　鈴木（す|ずき）　長嶋（な|がしま）

2. 1拍目に下がり目があるもの

    今（こ|ん）　江川（え|がわ）　遠藤（え|んどう）

3. 後ろから3拍目に下がり目があるもの

    高橋（た|かはし）　松坂（ま|つざか）　山下（や|ました）

参考動画：https://www.3anet.co.jp/np/resrcs/341240/　「第6課　イチロー」

練習問題

次のことばを発音しましょう。　🎧24

日本人に多い名字ランキングトップ10です。

1) 佐藤（さ|とう）
2) 鈴木（す|ずき）
3) 高橋（た|かはし）
4) 田中（た|なか）
5) 渡辺（わ|たなべ）
6) 伊藤（い|とう）
7) 山本（や|まもと）
8) 中村（な|かむら）
9) 小林（こ|ばやし）
10) 斉藤（さ|いとう）

✓ チェック　🎧25

● CDを聞いて、自然な発音のほうを選びましょう。

1) a.　　　　b.
2) a.　　　　b.
3) a.　　　　b.

チェックの答え......1) a　2) b　3) a

第7課 友達同士

学校で

森: ねえねえ、夏休み、どっか行った？

チェン: ああ、北海道に行ったんだ。

森: へえ！どこ？札幌？

チェン: 札幌と函館。

森: いいなあ…。どうだった？

チェン: 東京とぜんぜん違うね。空気もきれいだし、食べ物もおいしいし。あと、函館の夜景は、きれいだったよ。

森: いいなあ…。北海道かあ…。

チェン: あっ、携帯で撮った写真、見る？

森: 見る、見る！

発音のポイント

行った？　／　どこ？　／　札幌？　／　見る？

くだけた会話では、次のような疑問文のとき、アクセントはそのままで文末のイントネーションが上がります。文末が上がっても、ことばのアクセントが変わらないように発音しましょう。

○　どこ／？　　　×　どこ⤴？

例

- みる（見る）　→　みる／？
- いかない（行かない）　→　いかない／？
- いった（行った）　→　いった／？
- たべた（食べた）　→　たべた／？
- どこ　→　どこ／？
- さっぽろ（札幌）　→　さっぽろ／？

参考動画：https://www.3anet.co.jp/np/resrcs/341240/　「第7課 友達同士」

練習問題

1. 次の文を発音しましょう。 〔28〕

1) この写真、見る？
2) 新しい図書館、行った？
3) 晩ごはん、食べた？
4) 田中さん、どこ？
5) 北海道、どうだった？

2. 次の会話を発音しましょう。 〔29〕

1) A：病院、行った？
   B：ううん、まだ。今日の午後、行ってくるよ。
2) A：そのお店、北海道のどこ？ 札幌？
   B：うん、札幌から電車で３０分ぐらいのところだよ。
3) A：おなかすいた…。お昼ごはん、もう食べた？
   B：ううん、まだ。一緒に食べに行かない？
4) A：電子辞書、どこ？
   B：机の上にあるよ。
5) A：週末、映画見に行かない？
   B：いいよ。何見る？

第8課　欠席

学校で

スミス： 先生、今、ちょっと**よろしいでしょうか**。

先生　： はい、何ですか。

スミス： 来週の授業なんですが、欠席しても**よろしいでしょうか**。

　　　　兄の結婚式があるので、一時帰国したいんです。

先生　： そうですか。おめでとうございます。

スミス： ありがとうございます。来週の金曜日に戻る予定ですが、

　　　　宿題は、いつ出したら**いいですか**。

先生　： 再来週の授業で提出してください。

スミス： わかりました。ありがとうございます。

発音のポイント

よろしいでしょうか　／　いいですか

質問するとき、文末でイントネーションは上がりますが、「でしょうか」を使って丁寧にお願いするときは、上がりません。

例

・いいです。

・いいですか。

・よろしいですか。

・いいでしょうか。

・よろしいでしょうか。

参考動画：https://www.3anet.co.jp/np/resrcs/341240/　「第8課 欠席」

練習問題

1. 次の文を発音しましょう。 〈32〉

1) あしたでもいいです。
2) あしたでもいいですか。
3) あしたでもよろしいですか。
4) 今、ちょっといいでしょうか。
5) 今、ちょっとよろしいでしょうか。

2. 次の会話を発音しましょう。 〈33〉

1) A：エアコンを消してもいいですか。
   B：はい。どうぞ。
2) A：すみません。ここに座ってもよろしいですか。
   B：ええ。どうぞ。
3) A：頭が痛いので、早退してもよろしいでしょうか。
   B：大丈夫ですか。それなら早く帰ったほうがいいですね。
4) A：先生、あした、研究室に伺ってもよろしいでしょうか。
   B：じゃ、午後1時ごろ来てください。
5) A：その本をコピーさせていただいてもよろしいでしょうか。
   B：はい。いいですよ。
   コピーが終わったら、ここに戻してください。

第9課　手巻きずし

手巻きずしはおすし屋さんで食べるにぎりずしとは少し違います。

作り方は簡単で、とてもおいしいです。

友達とうちで手巻きずしパーティーをすることもできます。

食べる人が具を選んで作るので、楽しいです。

では、手巻きずしの作り方を説明します。

材料　（4人分）

米　3合

合わせ酢（酢　大さじ5、砂糖　大さじ3、塩　小さじ1）

焼のり　4枚

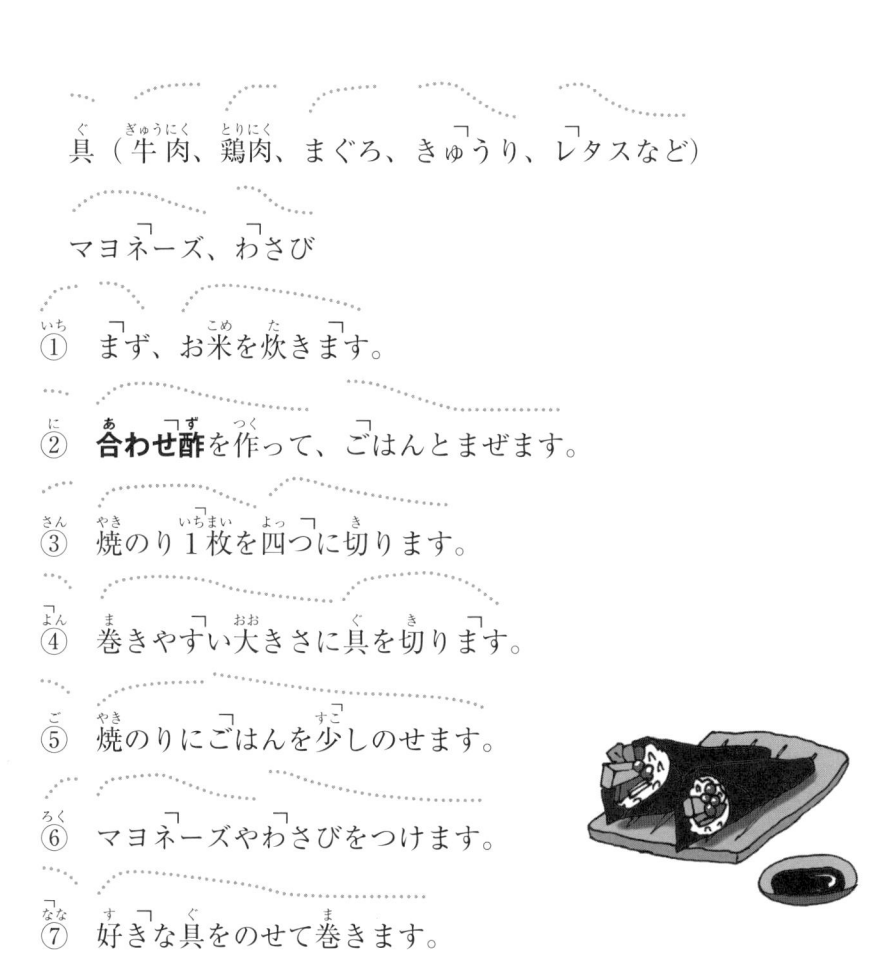

具（牛肉、鶏肉、まぐろ、きゅうり、レタスなど）

マヨネーズ、わさび

① まず、お米を炊きます。

② **合わせ酢**を作って、ごはんとまぜます。

③ 焼のり1枚を四つに切ります。

④ 巻きやすい大きさに具を切ります。

⑤ 焼のりにごはんを少しのせます。

⑥ マヨネーズやわさびをつけます。

⑦ 好きな具をのせて巻きます。

さあ、みんなで**手巻きずし**パーティーをしませんか。

発音のポイント

> 手巻きずし ／ にぎりずし ／ 合わせ酢

　二つのことばが一つになったとき、二つ目のことばのはじめの発音がにごります。しかし、片仮名のことばや最初から「゛」があることばの発音はにごりません。

例

1. にごるもの
    - 手巻きずし　　すし→ずし
    - にぎりずし　　すし→ずし
    - 合わせ酢　　　す→ず
    - もち米　　　　こめ→ごめ
    - 角砂糖　　　　さとう→ざとう

2. にごらないもの
    - デジタルカメラ　　カメラ→ガメラ　×
    - 漢字テスト　　　　テスト→デスト　×
    - 世界地図　　　　　ちず→ぢず　×
    - 旅行かばん　　　　かばん→がばん　×

参考動画：https://www.3anet.co.jp/np/resrcs/341240/　「第9課 手巻きずし」

練習問題

1. 次のことばを発音しましょう。 〔36〕

1) ほん（本）＋たな（棚）＝ ＿＿＿＿＿＿＿＿＿＿＿＿＿＿＿
2) べんきょう（勉強）＋つくえ（机）＝ ＿＿＿＿＿＿＿＿＿＿＿
3) こども（子供）＋へや（部屋）＝ ＿＿＿＿＿＿＿＿＿＿＿＿
4) くつ（靴）＋はこ（箱）＝ ＿＿＿＿＿＿＿＿＿＿＿＿＿＿

2. 次のことばを発音しましょう。 〔37〕

1) にほん（日本）＋ちず（地図）＝ ＿＿＿＿＿＿＿＿＿＿＿＿
2) かいわ（会話）＋テスト ＝ ＿＿＿＿＿＿＿＿＿＿＿＿＿＿
3) ビデオ＋カメラ ＝ ＿＿＿＿＿＿＿＿＿＿＿＿＿＿＿＿＿
4) がくせい（学生）＋かばん（鞄）＝ ＿＿＿＿＿＿＿＿＿＿＿
5) ホット＋コーヒー ＝ ＿＿＿＿＿＿＿＿＿＿＿＿＿＿＿＿

✓ チェック

● 間違い探しをしてみましょう。

a. おきどけい（置時計）　　　b. ビデオガメラ
c. べんきょうべや（勉強部屋）　d. にほんぢず（日本地図）
e. タクシーがいしゃ（タクシー会社）

練習問題の答え......1：1) ほんだな　2) べんきょうづくえ　3) こどもべや　4) くつばこ
　　　　　　　　2：1) にほんちず　2) かいわテスト　3) ビデオカメラ
　　　　　　　　　　4) がくせいかばん　5) ホットコーヒー

チェックの答え........b、d

第10課　なぞなぞ②

なぞなぞを出します。

「小さいときは4本、大きくなったら2本、

年をとったら3本の足になる生き物は、何でしょう。」

みなさんは、答えがわかりますか。

答えは「人」です。人は赤ちゃんのとき、ハイハイするので、

4本。大きくなると歩きますから2本。

では、年をとったら、どうして足が3本になるのでしょう。

お年寄りがよく使うものといえば…。そうです。杖です。

杖の1本と足の2本を合わせて3本というわけです。

発音のポイント

いっぽん	にほん	さんぼん	よんほん
1本 /	2本 /	3本 /	4本

　助数詞には、数字によって発音が変わるものがあります。
「〜本」は、1、6、8、10は「〜ぽん」、3は「〜ぼん」、それ以外は「〜ほん」になります。
　ほかに、「〜杯」も同じように発音が変わる助数詞です。

例

1. 〜本
・〜ぽん：いっぽん、ろっぽん、はっぽん、じゅっぽん（じっぽん）
・〜ほん：にほん、よんほん、ごほん、ななほん、きゅうほん
・〜ぼん：さんぼん、なんぼん（何本）

2. 〜杯
・〜ぱい：いっぱい、ろっぱい、はっぱい、じゅっぱい（じっぱい）
・〜はい：にはい、よんはい、ごはい、ななはい、きゅうはい
・〜ばい：さんばい、なんばい（何杯）

参考動画：https://www.3anet.co.jp/np/resrcs/341240/ 「第10課 なぞなぞ②」

練習問題

1. 次の文を発音しましょう。

1) 毎朝、ごはんを2杯食べます。
2) 花を6本買いました。
3) 1日にコーヒーを3杯以上飲みます。
4) 鉛筆を4本とボールペンを1本買いました。

2. 次の会話を発音しましょう。

1) A：タコの足は何本？
   B：8本。
2) A：イカの足は何本？
   B：10本。
3) A：あの店、コーヒーいくら？
   B：1杯、150円だよ。
4) A：きのうの休み、何してた？
   B：暇だったから、映画2本見ちゃった。
5) A：きのう、かなり飲んでたけど、何杯飲んだの？
   B：ビール5杯にワイン6杯かな…。

第11課 日本語ぺらぺら

学校で

林： 最近、クリス、日本語が上手になったと思わない？

岡： うん、そうだね。**ぺらぺら**話せるようになったよね。

林： 日本に来たばかりのときは、ぜんぜん話せなかったのにね。

岡： 実は…、クリスと付き合ってるんだ。

林： ええ？　ぜんぜん気づかなかった。いつから？

岡： 付き合って、もう3か月かな。

「日本語を教えて」って頼まれて、メールし始めて、一緒に出かけるようになって、好きだって言われて…。

ああ、また、**ぺらぺら**しゃべっちゃった！

発音のポイント

> ぺらぺら ／ べらべら

同じ音を繰り返すことばは、「゛」や「゜」によって意味が異なります。

・「゛」あり：大きい、重い、強い、多い、不快な

・「゛」なし（「゜」あり）
　　　　　：小さい、軽い、弱い、少ない、快い

例

- 秘密をべらべらしゃべる。　　　英語をぺらぺら話す。
- 大きな岩がごろごろ転がる。　　小石がころころ転がる。
- 涙がぼろぼろ流れて止まらなかった。　　涙がぽろぽろこぼれ落ちた。
- 荒れてざらざらした手　　　　　長くてさらさらした髪
- 太陽がぎらぎら照りつけている。　星がきらきら光っている。

参考動画：https://www.3anet.co.jp/np/resrcs/341240/　「第11課　日本語ぺらぺら」

練習問題

1. CDを聞いて、選びましょう。 🎧44

1) a. ぺらぺら　　　　b. べらべら
2) a. ころころ　　　　b. ごろごろ
3) a. さらさら　　　　b. ざらざら
4) a. きらきら　　　　b. ぎらぎら

2. 次の文を発音しましょう。 🎧45

1) a. 日本語をぺらぺら話せるようになった。
   b. 秘密をべらべらしゃべってしまう。
2) a. 目から涙がぽろぽろこぼれ落ちた。
   b. 悲しくて涙がぽろぽろ流れて止まらなかった。
3) a. この海岸の砂はさらさらしている。
   b. この紙はざらざらしている。
4) a. 夏の太陽がぎらぎら照りつけて、とても暑い。
   b. 指輪がきらきら光って、とてもきれいだ。

📝 ノート 🎧46

● 同じ音を繰り返すことばのアクセントは次のようになります。
　○□○○　　日本語を**ぺ**らぺら話す。
● 「～です」がつくとアクセントが変わります。
　○□○○　　日本語が**ぺ**らぺらです。

練習問題の答え ...... 1：1) b　2) a　3) b　4) a

第12課 棚からぼたもち

学校で

キム： **あけおめ**。ことよろ。

チャン： 何、それ？

キム： あけましておめでとう、今年もよろしく。

チャン： そんなに短くしたら、意味わかんない。

キム： えっ、よく使われてるよ。

友達からもらったメールにも、書いてあったし。

チャン： そう言えば、たまたまラッキーなことが起こったとき、

「**たなぼた**」って言うよね。

キム： うん、「棚からぼたもち」でしょ。

じゃあ、「やぶへび」って知ってる？

チャン： ううん。それ、何？

キム： 「やぶをつついて蛇を出す」。

しなくてもいいことをして、悪い結果になってしまうこと。

チャン： すごい！　よく知ってるねえ。

でも、それって「**パソコン**」や「**デジカメ**」と同じだよね。

キム： そうそう、短くなるんだよね。

発音のポイント

> あけおめ ／ たなぼた ／ パソコン

　くだけた会話では、短くした言い方で挨拶やことわざなどを言うことがあります。二つ以上の語でできたことばを言いやすくするために、短くすることもあります。

あけましておめでとう→あけおめ
棚からぼたもち→たなぼた
パーソナルコンピューター→パソコン

例

1. 挨拶

    あけましておめでとう→あけおめ

    今年もよろしく→ことよろ

2. ことわざ

    棚からぼたもち→たなぼた

    やぶをつついて蛇を出す→やぶへび

3. 二つ以上の語でできたことば

    パーソナルコンピューター→パソコン

    デジタルカメラ→デジカメ

参考動画：https://www.3anet.co.jp/np/resrcs/341240/ 「第12課 棚からぼたもち」

練習問題

1. 次のことばを短くして、発音しましょう。 🔊49

1) あけましておめでとう = ＿＿＿＿＿＿＿＿＿＿＿
2) 今年もよろしく = ＿＿＿＿＿＿＿＿＿＿＿
3) 棚からぼたもち = ＿＿＿＿＿＿＿＿＿＿＿
4) やぶをつついて蛇を出す = ＿＿＿＿＿＿＿＿＿＿＿

2. 元のことばを考え、発音しましょう。 🔊50

1) 留守電 = ＿＿＿＿＿＿＿＿＿＿＿
2) パソコン = ＿＿＿＿＿＿＿＿＿＿＿
3) ファミレス = ＿＿＿＿＿＿＿＿＿＿＿
4) デジカメ = ＿＿＿＿＿＿＿＿＿＿＿
5) エアコン = ＿＿＿＿＿＿＿＿＿＿＿

📝 ノート

● 人名などにも、同じような形が見られます。

　　　木村拓哉（きむら　たくや）→きむたく

　　　高橋みなみ（たかはし　みなみ）→たかみな

練習問題の答え......1：1) あけおめ　2) ことよろ　3) たなぼた　4) やぶへび

　　　　　　　　2：1) るすばんでんわ　2) パーソナルコンピューター　3) ファミリーレストラン　4) デジタルカメラ　5) エアコンディショナー

第13課 片仮名ことば

学校で

ロペス： 先週、「英語のクラスで**ボランティア**をお願いできますか」

って、言われたんだ。でも最初、**ボランティア**って

何のことかわからなかったよ。

田中： えっ、**ボランティア**って英語だよね。

ロペス： でも、英語の発音とは全然違うよ。

田中： ああ、そうか。

ロペス： 日本語って、片仮名のことばが多いよね。

例えば、家族を**ファミリー**、

祭りは**フェスティバル**とか。

田中： でも、祭りと**フェスティバル**は

　　　　　使い分けてるんじゃないかな。

　　　　　伝統的なものは「祭り」って言ってると思うよ。

　　　　　例えば、「ねぶた祭り」や、「七夕祭り」とか。

ロペス：　じゃ、**フェスティバル**っていうのは、どんなときに使うの？

田中：　　やっぱり、何かインターナショナルなイベントのときは、

　　　　　フェスティバルかな。

　　　　　ちょっとニュアンスが違うんだよね。

ロペス：　インターナショナル、イベント、ニュアンス…。

　　　　　やっぱり、日本語は片仮名のことばが多いね。

発音のポイント

> ボランティア ／ ファミリー ／ フェスティバル

　片仮名語は外国語（主に英語）から入ってきたことばですが、元のことばとは発音が違います。
「ファ」、「フィ」、「フェ」、「フォ」、「ティ」、「ディ」、「デュ」、
「シェ」、「ジェ」、「ウィ」、「ウォ」などは、片仮名語の音です。

例

- ・ファミリー　　　　　（family）
- ・フィーリング　　　　（feeling）
- ・フェスティバル　　　（festival）
- ・フォーク　　　　　　（fork）
- ・ボランティア　　　　（volunteer）
- ・ディスカッション　　（discussion）
- ・デューティーフリー　（duty-free）
- ・シェイプ　　　　　　（shape）
- ・ジェラシー　　　　　（jealousy）
- ・ウィークポイント　　（weak point）
- ・ウォッチ　　　　　　（watch）

参考動画：https://www.3anet.co.jp/np/resrcs/341240/　「第13課 片仮名ことば」

練習問題

1. CDを聞いて、選びましょう。

例) a. ヒクション　(b.) フィクション　c. フクション
1) a. フォッション　b. フアション　c. ファッション
2) a. デュエット　b. ジュエット　c. ドゥエット
3) a. チェフ　b. シエフ　c. シェフ
4) a. ジエット　b. ジェット　c. チェット
5) a. ウオーク　b. ウォーク　c. ワーク

2. 次の文を発音しましょう。

1) 先週、友達とディズニーランドに行きました。
2) ミルクティーより、レモンティーのほうが好きです。
3) 彼女とはフィーリングが合います。
4) 国際結婚についてディスカッションをしました。
5) カフェオレを二つお願いします。

✓チェック

● CDを聞いて、書きましょう。
1) 今日の（　　　　）のテーマは何でしたか。
2) 授業のあと、（　　　　）でお茶を飲みました。
3) あしたは卒業（　　　　）です。

練習問題の答え......1：1) c　2) a　3) c　4) b　5) b
チェックの答え........1) ディスカッション　2) カフェテリア　3) パーティー

第14課 お互いさま

学校で

ペ： ごめん！ ちょっとお願いがあるんだけど…。

さっき、これから図書館に行くって言ってたよね。

リ： うん。あしたまでにレポート書かなきゃなんないから。

ペ： じゃあ、悪いんだけど、この本、返しといてもらえない？

返却、今日までなんだけど、バイトの時間が迫ってて…。

リ： うん、いいよ。こっちもお願いしたいことがあるんだけど。

ペ： 何？

リ： 日本語の授業のノート、見せてもらえないかな。

先週、風邪で休んじゃったから…。

ペ： うん、いいよ。はい、これ。

発音のポイント

言ってた　／　書かなきゃ　／
返しといて　／　休んじゃった

会話では、縮約形がよく使われます。元の形を次に示します。
言っていた→言ってた　　書かなければ→書かなきゃ
返しておいて→返しといて　休んでしまった→休んじゃった

例

1. ～ている　→　～てる　　　～でいる　→　～でる
   食べている→食べてる　　　急いでいる→急いでる
   話している→話してる　　　泳いでいる→泳いでる

2. ～なければ　→　～なきゃ
   行かなければ→行かなきゃ
   勉強しなければ→勉強しなきゃ

3. ～ておく　→　～とく　　　～でおく　→　～どく
   買っておく→買っとく　　　読んでおく→読んどく
   見ておく→見とく　　　　　飲んでおく→飲んどく

4. ～てしまう　→　～ちゃう　　～でしまう　→　～じゃう
   帰ってしまう→帰っちゃう　　遊んでしまう→遊んじゃう
   忘れてしまう→忘れちゃう　　頼んでしまう→頼んじゃう

参考動画：https://www.3anet.co.jp/np/resrcs/341240/　「第14課　お互いさま」

練習問題

1. CDを聞いて、縮約形を発音しましょう。 〔58〕

1) 言っている → ＿＿＿＿＿＿＿
2) 書かなければ → ＿＿＿＿＿＿＿
3) 返しておく → ＿＿＿＿＿＿＿
4) 休んでしまう → ＿＿＿＿＿＿＿

2. 次の会話を発音しましょう。 〔59〕

1) A：今夜はまだ晴れてるけど、あしたはどうかな？
   B：天気予報では、雨降るって言ってたよ。
2) A：もう、作文終わった？
   B：あっ、忘れてた！　今から書かなきゃ…。
3) A：ねえ、使ったものは、元の場所に返しといてもらえる？
   B：あっ、ごめん。これから気をつけるね。
4) A：きのう、バイト休んじゃって、ごめんね。
   B：ううん、お互いさまだから、気にしないでね。

✓チェック 〔60〕

●CDを聞いて、どのように発音されたか書きましょう。
1) 書いておく → ＿＿＿＿＿＿＿
2) 食べてしまう → ＿＿＿＿＿＿＿

練習問題の答え……1：1) 言ってる　2) 書かなきゃ　3) 返しとく　4) 休んじゃう
チェックの答え………1) 書いとく　2) 食べちゃう

第15課 住めば都

転勤や留学で外国へ行ったとき、はじめは誰もが心細いものです。

「家族や友達もいなくて、**とっても**寂しい。」

「現地の人の話し方は、**すっごく**速くてわからない。」

「**やあっぱり**、留学なんてしなきゃよかった…。」

多くの人は、新しい環境にすぐ慣れずに、驚いたり、不安になったり、ホームシックになったりします。

そんなときに、役に立つことわざが「住めば都」です。

「どんな場所でも住んでみれば、いいところだと思えるようになる」

という意味です。どこへ行っても「住めば都」という気持ちで、スタートできるといいですね。

発音のポイント

とっても ／ すっごく ／ やあっぱり

　ことばは強調されると、発音が変化することがあります。「のばす音」「ん」「小さい『っ』」が入ったりします。例えば、「すごく」は次のように変化します。
　会話や物語の朗読ではよく使われますが、フォーマルな文章ではあまり使われません。

　　　　　　すごく　→　すごおく
　　　　　　　　　　→　すんごく
　　　　　　　　　　→　すっごく

例

- とても　　　→　とっても、とおっても
- すごく　　　→　すごおく、すんごく、すっごく
- やっぱり　　→　やあっぱり
- まったく　　→　まあったく
- ぜんぜん　　→　ぜえんぜん、ぜんっぜん
- ぜったいに　→　ぜえったいに
- ずっと　　　→　ずうっと
- ものすごく　→　ものすごおく、ものっすごく、ものすっごく

参考動画：https://www.3anet.co.jp/np/resrcs/341240/　「第15課 住めば都」

練習問題

1. 次の会話の下線のことばを強調して発音しましょう。——🎧63

1) A：そのいちご、どう？ おいしい？
   B：うん。とっても甘くて、すごおくおいしい。
2) A：今日の試験どうだった？
   B：ものすごおく難しかった。ぜんっぜんできなかった…。
3) A：ねえ、雨が降ってきたよ。
   B：やあっぱり、傘、持ってくればよかった。

2. 次の文章の下線のことばを強調して発音しましょう。——🎧64

> ある町に、たいへん親切でやさしい青年がいました。しかし、彼は、とっても恥ずかしがり屋で、人と話すことがすっごく苦手でした。それで、いつも一人でいました。彼は、町の人と友達になりたいとずうっと思っていたのに、その気持ちを伝えることができなかったのです。

✓チェック 🎧65

● CDを聞いて、どのように発音されたか書きましょう。

1) とても → ＿＿＿＿＿＿　2) ぜんぜん → ＿＿＿＿＿＿
3) まったく → ＿＿＿＿＿＿　4) やっぱり → ＿＿＿＿＿＿

チェックの答え……1) とっても　2) ぜんっぜん　3) まあったく　4) やあっぱり

第16課 今日の天気

きのうまでは、過ごしやすい涼しい日が続いていましたが、また、真夏の暑さが戻ってきました。今日は全国各地で、30度を超える真夏日となりました。

ところで、夏と言えば、みなさんはどんな食べ物を想像するでしょう。

わたしはかき氷を思い浮かべます。

7月25日は「かき氷の日」だそうです。

暑い日のかき氷は、ほてった体を冷ましてくれます。

さて、今日これからの天気ですが、大気の状態が不安定なため、あちらこちらで、にわか雨や、雷雨となりそうです。

発音のポイント

各地 ／ 〜ます ／ 〜です

次のような「i」と「u」は、弱く発音されることがあります。

・「k」「s」「sh」「t」「ch」「ts」「h」「f」「p」の子音に挟まれた母音「i」「u」
・文末の「u」

例

1. 「k」「s」「sh」「t」「ch」「ts」「h」「f」「p」の子音に挟まれた母音「i」「u」

   各地（kakuchi）
   帰宅（kitaku）
   薬（kusuri）
   地下鉄（chikatetsu）

2. 文末の「u」

   〜ます（masu）
   〜です（desu）

参考動画：https://www.3anet.co.jp/np/resrcs/341240/ 「第16課 今日の天気」

練習問題

1. CDを聞いて、弱くなっている音に○をつけましょう。 🔊68

例）聞く   k(i)ku
1）好き   suki
2）口   kuchi
3）意識   ishiki
4）試験   shiken
5）息子   musuko

2. 弱くなる音に気をつけて、発音しましょう。 🔊69

1）日本の歌が好きです。
2）今日は、早めに帰宅します。
3）ここでは、全国各地のおいしいものが食べられます。
4）地下鉄で会社に行きます。
5）これは、病院でもらった薬です。

📝 **ノート**

● 方言によっては、これらの「i」「u」が弱く発音されないこともあります。

練習問題の答え …… 1：1）s(u)ki 2）k(u)chi 3）ish(i)ki 4）sh(i)ken
5）mus(u)ko

第17課　秋葉原の文化

秋葉原と聞いて、あなたは何を思い浮かべますか。

電気の街というイメージが強いのではないでしょうか。

秋葉原には**電気製品**が安く買える店が集まっています。

しかし最近は、メイドカフェやアニメ関連の街としても有名です。

メイドカフェでは、**メイド服**を着た若い女の子が

「いらっしゃいませ、ご主人様」と言って迎えてくれます。

アニメ関連の店では、フィギュアや

コスプレ衣装などが売られています。

このように次々に新しい文化が生まれている秋葉原は、

今、**外国人観光客**の人気スポットにもなっています。

発音のポイント

電気製品　／　メイド服
コスプレ衣装　／　外国人観光客

複合語は、一つのことばに聞こえるようにアクセントに注意して発音します。複合語のアクセントは一つのヤマ（￣‾￣）になります。

例

- でんき ＋ せいひん → でんきせいひん
  （電気）　（製品）　　（電気製品）

- メイド ＋ ふく → メイドふく
  　　　　（服）　　（メイド服）

- コスプレ ＋ いしょう → コスプレいしょう
  　　　　　（衣装）　　（コスプレ衣装）

- がいこくじん ＋ かんこうきゃく → がいこくじんかんこうきゃく
  （外国人）　　　（観光客）　　　（外国人観光客）

参考動画：https://www.3anet.co.jp/np/resrcs/341240/　「第17課　秋葉原の文化」

練習問題

1. 次のことばを発音しましょう。 🎧72

1) メイド ＋ カフェ → メイドカフェ
2) アニメ ＋ かんれん → アニメかんれん
                （関連）   （アニメ関連）
3) アイドル ＋ グループ → アイドルグループ
4) にんき ＋ スポット → にんきスポット
   （人気）   （人気スポット）
5) あきはばら ＋ えき → あきはばらえき
   （秋葉原）   （駅）   （秋葉原駅）

2. 次の文を発音しましょう。 🎧73

1) 浅草には、外国人観光客がたくさんいます。
2) アニメ関連の店で、コスプレ衣装を買いました。
3) アイドルグループのコンサートに行きました。
4) 秋葉原駅の近くは、電気製品の店が多いです。
5) メイドカフェは、観光客の人気スポットにもなっています。

✓チェック

● 間違い探しをしてみましょう。

a. フランスりょうり　　b. にほんりょうり
c. かんこくりょうり　　d. タイりょうり

チェックの答え……b、d

第18課 奈良の大仏

奈良に行ったら、誰もが訪れるのが東大寺の「大仏殿」だろう。

南大門を抜けると、大仏殿が見えてくる。

大仏殿は木造建築では世界最大級のものと言われている。

大仏は高さがおよそ15メートルあり、

前に向けて開かれた手のひらは、手首から中指の先までで、

およそ2.5メートルもあるという。

その姿からは、1200年を超える長い歴史が感じられる。

大仏殿の柱の一本には、穴があいており、

この穴をくぐることができれば、病気にならないとか、

長生きできるとか言われている。

「この穴は、大仏の鼻の穴と同じぐらいの大きさだそうだ。」

「ぜひ、この穴をくぐってみたいものだ。」

発音のポイント

訪れる／抜ける／超える／くぐる／できる

動詞のアクセントは、声の高さが下がるところがあるものと、ないものの二つの種類があります。

例

1. 下がるところがあるもの
    - おとずれる（訪れる）
    - くぐる
    - できる
    - みえる（見える）
    - ある
    - ひらく（開く）

2. 下がるところがないもの
    - いく（行く）
    - ぬける（抜ける）
    - こえる（超える）
    - いう（言う）
    - むける（向ける）
    - かんじる（感じる）
    - あく

参考動画：https://www.3anet.co.jp/np/resrcs/341240/ 「第18課 奈良の大仏」

練習問題

1. CDを聞いて、声の高さが下がるものに○、下がらないものに×をつけましょう。 🔊76

例) 言う (×)　見える (○)
　a. 行く (　　)　b. 訪れる (　　)　c. 抜ける (　　)
　d. くぐる (　　)　e. 超える (　　)　f. 開く (　　)
　g. 向ける (　　)　h. できる (　　)　i. 感じる (　　)

2. 次の文を発音しましょう。 🔊77

1) 京都には、多くの外国人が訪れる。
2) 秋の涼しい風を感じるようになった。
3) 天気のいい日には、新幹線の窓から富士山が見える。
4) ３０度を超える暑さが続いている。
5) きっと夢をかなえることができるだろう。

✓チェック

●練習問題2の動詞を発音して、声の高さが下がるものには○、下がらないものには×をつけましょう。
1) 訪れる (　　)　2) 感じる (　　)　3) 見える (　　)
4) 超える (　　)　5) できる (　　)

練習問題の答え......1：○：b、d、f、h　　×：a、c、e、g、i
チェックの答え........1) ○　2) ×　3) ○　4) ×　5) ○

第19課 三日坊主

公園で

佐藤： あれっ、山本さん、こんにちは。

山本： あっ、佐藤さん、ご無沙汰してます。

佐藤： こんなところで会うなんて、偶然ですね。

山本： **そうですね。**

佐藤： この辺、よく走ってるんですか。

山本： ええ、毎朝、この辺をジョギングしてから会社に行くんです。

佐藤： **そうですか。** 毎朝とはすごいですね。

山本： 佐藤さんは？

佐藤： きのうからなんですよ。

最近、ちょっと運動不足なんで…。

去年もジョギングに挑戦したんですけど、続かなくて…。

今度こそ、三日坊主にならないようにと思ってるんですけど。

山本： **そうですか。**

もしよかったら、あしたから一緒に走りませんか。

佐藤： えっ、いいんですか？　ありがとうございます。

それなら、長続きしそうです。

山本： じゃ、あしたから一緒にがんばりましょう。

発音のポイント

> そうですね　/　そうですか

　会話では、「そうですね」や「そうですか」というあいづちをよく使います。文全体のイントネーションの違いで話し手のいろいろな気持ちを伝えることができます。

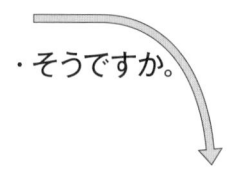

例

・そうですか。↘
了解
understanding・理解、領会・이해

・そうですか。↘
驚き・喜び
surprise, delight・惊讶、喜悦・놀람, 기쁨

・そうですか。↘↘
落胆
disappointment・失望・실망

・そうですか？↗
疑問
question・疑问・의문

・そうですね。↘
同意
the same opinion, agreement・同意・동의

・そうですね…。→
ためらい
hesitation・犹豫・망설임

参考動画：https://www.3anet.co.jp/np/resrcs/341240/　「第19課　三日坊主」

練習問題

1. CDを聞いて、話し手の気持ちを□の中から選びましょう。

1) そうですか。（　　）
2) そうですね。（　　）
3) そうですか。（　　）
4) そうですね。（　　）
5) そうですか。（　　）
6) そうですか。（　　）

a. 了解
b. 驚き・喜び
c. 落胆
d. 疑問
e. 同意
f. ためらい

2. 次の会話を発音しましょう。

1) A：今日も暑いですね。
   B：そうですね。今晩も暑くなりそうですね。
2) A：東京大学に留学することになりました。
   B：そうですか。おめでとうございます。
3) A：会議の資料、今日中にできる？
   B：そうですね…。あしたまでならできると思いますが…。
4) A：会議の出席者は１３名ですよね。
   B：そうですか？　１４名って聞きましたよ。

📝 ノート

● 映画やドラマなどの会話を聞いて、話し手の気持ちを考えてみましょう。

練習問題の答え……1：1) c　2) f　3) b　4) e　5) a　6) d

第20課 若さの秘訣

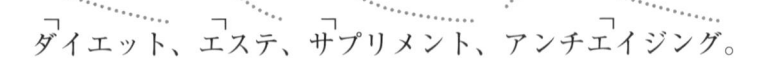

ダイエット、エステ、サプリメント、アンチエイジング。

最近、これらのことばをテレビ、雑誌などでよく目にします。

健康や若さを保つためのさまざまな方法を表すことばです。

若くありたいと願うのは、現代人だけでしょうか。

いいえ、違うようです。

昔、あるところにおじいさんとおばあさんが住んでいました。

ある日、おじいさんが山で薪を集めていると、

きれいな泉がありました。おじいさんはその水を一口飲んで、

家へ帰りました。帰ってきたおじいさんを見て、

おばあさんはびっくり。元気な若者になっていたのです。

おじいさんは泉の水のおかげだと言いました。

おばあさんはすぐ、泉に出かけていきましたが、

なかなか帰ってきません。おじいさんは心配になり、

泉に行きました。すると、おばあさんの着物を着た赤ちゃんが

泣いていたのです。おばあさんは若くなりたいと思い、

泉の水をたくさん飲んでしまったのです。

こんな泉が本当にあったら、

あなたもその水を飲みたいと思いますか。

発音のポイント

> 帰ってきたおじいさんを見て、おばあさんはびっくり。

　文のイントネーションは、平仮名の「へ」の字に似たイントネーションになります。文の句切り方によってイントネーションが変わります。

例

- 帰ってきたおじいさんを見て、／おばあさんはびっくり。
- 帰ってきたおじいさんを見て、／おばあさんは／びっくり。
- 健康のために、／もっと野菜を食べるようにしましょう。
- 健康のために、／もっと／野菜を食べるようにしましょう。

参考動画：https://www.3anet.co.jp/np/resrcs/341240/　「第20課　若さの秘訣」

練習問題

次の文を発音しましょう。　📀84

1) おじいさんは／元気な若者になりました。

2) おばあさんは／もっと／若くなりたいと思いました。

3) a. こんな昔話が日本にあります。

　　b. こんな昔話が／日本にあります。

4) a. 健康のために／もっと早く寝るようにしましょう。

　　b. 健康のために／もっと／早く寝るようにしましょう。

✏ ノート　📀85

●次の例のように、意味が変わることもあります。

a. おいしいケーキとコーヒーを買いました。

　　　　　　　　　（ケーキもコーヒーもおいしいです。）

b. おいしいケーキと／コーヒーを買いました。

　　　　　　　　　（ケーキだけおいしいです。）

編著者
戸田貴子　早稲田大学日本語教育研究科教授。著書に『日本語教育と音声』編著（くろしお出版，2008）、『コミュニケーションのための日本語発音レッスン』（スリーエーネットワーク，2004）、『让你沟通自如的日语发音课本（コミュニケーションのための日本語発音レッスン中国版）』（世界图书出版公司，2010）、『일본어 발음（コミュニケーションのための日本語発音レッスン韓国版）』（Nexus Press, 2010）、『Pronuncia e accento nella lingua giapponese: Teoria ed esercizi』（Hoepli, 2020）

著者
大久保雅子　早稲田大学日本語教育研究センター准教授
神山由紀子　元王立プノンペン大学外国語学部日本語学科講師
小西玲子　元早稲田大学日本語教育研究センター非常勤インストラクター
福井貴代美　元早稲田大学日本語教育研究センター講師

翻訳
中国語　趙靚（本文）、徐前（学習者のみなさんへ、本文校正）
韓国語　尹ヒョジョン（本文）、姜瑢嬉（学習者のみなさんへ、本文校正）

イラスト　　　　装丁・本文デザイン
柴野和香　　　　宮坂佳枝

シャドーイングで日本語発音レッスン

2012年3月26日　初版第1刷発行
2025年4月25日　第9刷発行

編著者　　戸田貴子
著　者　　大久保雅子　神山由紀子　小西玲子　福井貴代美
発行者　　藤嵜政子
発　行　　株式会社スリーエーネットワーク
　　　　　〒102-0083　東京都千代田区麹町3丁目4番
　　　　　　　　　　　トラスティ麹町ビル2F
　　　　　電話　03（5275）2722（営業）
　　　　　https://www.3anet.co.jp/
印　刷　　倉敷印刷株式会社

ISBN978-4-88319-592-3　C0081

落丁・乱丁本はお取替えいたします。
本書の内容についてのお問い合わせは、弊社ウェブサイト「お問い合わせ」よりご連絡ください。
本書の全部または一部を無断で複写複製（コピー）することは著作権法上での例外を除き、禁じられています。

Japanese Pronunciation Practice through Shadowing

跟读方式日语发音课程

섀도잉 일본어 발음레슨

シャドーイングで日本語発音レッスン

別冊 本文訳
（英語・中国語・韓国語）

戸田貴子【編著】

大久保雅子
神山由紀子【著】
小西　玲子
福井貴代美

スリーエーネットワーク

1 はじめまして

Lesson 1　How Do You Do?

(At a school)

Chen:　　Good morning, Mr. Tanaka.
Teacher: Oh, good morning. It's hot again today, isn't it?
Chen:　　Yes. It's really hot.
　　　　　Well, Mr. Tanaka, this is Ms. Kim.
Kim:　　 How do you do? Nice to meet you.
Teacher: Is this your first time in Japan, Ms. Kim?
Kim:　　 Yes. I came to Japan last week.
Teacher: I see. Well, try hard with your Japanese studies.
Kim:　　 Thank you. I will try my best.
Chen:　　Well, excuse me now. Ms. Kim, see you later.

第 1 课　初次见面

(在学校)

陈：　田中老师，早上好。
老师：啊，你早。今天也很热呢。
陈：　是啊，真的很热呢。
　　　啊，老师，这位是小金。
金：　初次见面。请多关照。
老师：小金，你是第一次来日本吗？
金：　对，我是上周来日本的。
老师：是吗，要加油学日语啊。
金：　谢谢。从现在开始我一定努力去学。
陈：　那我先走了。小金，等会儿见。

제 1 과　처음뵙겠습니다

(학교에서)

첸：　　　다나카선생님, 안녕하세요?
선생님：오, 안녕? 오늘도 덥구나.
첸：　　　네. 무척 덥네요.
　　　　　아, 선생님, 이쪽은 김양이에요.
김：　　　처음뵙겠습니다. 잘 부탁 드리겠습니다.
선생님：김양은, 일본은 처음인가요?
김：　　　네. 지난주에 일본에 왔어요.
선생님：그렇군요. 일본어 공부 열심히 하세요.
김：　　　감사합니다. 앞으로 최선을 다해 열심히 하겠습니다.
첸：　　　그럼, 실례하겠습니다. 김양, 또 봐요.

2 会議
かいぎ

Lesson 2　Meeting

(At an office)

Wang:　　 Manager, it's time I got things ready for the 2 o'clock meeting.
Manager: Oh, right. I think there are 14 in attendance.
Wang:　　 Yes. I'll set 16 seats.
Manager: Okay then, I'll leave the rest to you.
　　　　　Oh, by the way, we'll want coffee during the meeting.
Wang:　　 Right. I'll order coffee from the coffee shop on the first floor.
　　　　　What time would be best?
Manager: Well, around 3:30 would be good.
Wang:　　 Yes, okay.

第 2 课　会议

(在公司)

王　：课长，我该去准备 2 点开始的会议了。
课长：啊，是啊。出席人员是 14 名吧？
王　：对，我会放上 16 把椅子。
课长：嗯，那就交给你了。
　　　啊，对了，会议当中，给上一下咖啡。
王　：知道了，那我去一楼的咖啡店事先订一下。
　　　几点比较好呢？
课长：嗯，3 点半左右吧。
王　：好的，我明白了。

제 2 과　회의

(회사에서)

왕　：과장님, 슬슬 2 시 회의 준비 하겠습니다.
과장：아, 그렇군. 참석자는 14 명이었지？
왕　：네, 의자 16 개를 세팅해 놓도록 하겠습니다.
과장：그래. 그럼 잘 부탁하네.
　　　아, 맞다. 회의 중간에 커피 좀 부탁하네.
왕　：네, 그럼, 1 층 커피숍에 주문해 놓도록 하겠습니다.
　　　몇시 정도가 좋을까요？
과장：음, 3 시 반 정도가 좋으려나.
왕　：네, 알겠습니다.

3 お土産
みやげ

Lesson 3　A Souvenir

(At an office)

Li:　　Good morning. Uh, this is a souvenir. It's for you.

Suzuki: Thank you. What is it?
Li: It's Chinese tea. Oolong tea.
Suzuki: Oolong tea! I really like that. Thank you.
Li: Oh, good. Please enjoy it.
Suzuki: So, you went back home?
Li: Yes, last week. I spent time with my family.
Suzuki: I see. Is everyone in your family well?
Li: Yes. We all ate our mother's homemade cooking and enjoyed ourselves.
Suzuki: That's nice.

第３课　礼物

（在公司）

李　：早上好，那个，这是一点儿礼物，请收下。
铃木：谢谢你。是什么呀？
李　：是中国的茶叶。是乌龙茶。
铃木：我很喜欢乌龙茶。谢谢。
李　：啊，太好了。你一定要喝喝看。
铃木：你回国了吗？
李　：对，上周回国见了家人。
铃木：是吗。你家人都好吗？
李　：嗯。大家在一起，吃妈妈亲手做的饭菜很开心。
铃木：那真不错呀。

제３과　선물

（회사에서）

리　：좋은 아침입니다．저，이거 선물이에요．받으세요．
스즈키：고마워요．뭐예요？
리　：중국차예요．우롱차입니다．
스즈키：우롱차 굉장히 좋아해요．고마워요．
리　：아，다행이네요．드세요．
스즈키：중국에 다녀오신건가요？
리　：네．지난주에 가서 가족과 만났어요．
스즈키：그래요？ 가족분들은 다들 안녕하시고요？
리　：네．모두 함께 어머니께서 손수 만들어주신 요리를 먹고，즐거웠어요．
스즈키：참 좋았겠네요．

4　レストラン予約

Lesson 4　Restaurant Reservation

(On the phone)

Clerk: Hello. "Sakura" restaurant.
Yamada: I'd like to make a reservation.
Clerk: When would you like your reservation?
Yamada: Tomorrow at seven.
Clerk: For how many?
Yamada: For two.

Clerk:	Certainly. May I have your name?
Yamada:	It's Kaoru Yamada.
Clerk:	Okay, Ms. Kaoru Yamada. May I have your phone number?
Yamada:	It's 090-1234-5678.
Clerk:	Let me repeat that. 090-1234-5678, right?
Yamada:	Yes, that's right.
Clerk:	Okay, we're looking forward to seeing you on Wednesday July 10th at seven.
Yamada:	Thank you.
Clerk:	Thank you very much for your reservation.

第 4 课　预订餐厅

（电话中）
店员：您好，这里是樱花饭店。
山田：我想预订一下座位。
店员：请问订什么时间？
山田：明天 7 点。
店员：几位？
山田：两位。
店员：明白了。请问您贵姓。
山田：我叫山田熏。
店员：山田熏小姐，对吗？请告诉我您的电话。
山田：090-1234-5678。
店员：我重复一遍，090-1234-5678，对吧？
山田：对。
店员：那么 7 月 10 号星期三 7 点，恭候您的到来。
山田：拜托了。
店员：感谢您的预订。

제 4 과　레스토랑 예약

（전화로）
점원：　네, 레스토랑 '사쿠라' 입니다.
야마다：예약을 하고 싶은데요.
점원：　언제로 예약하실 건가요？
야마다：내일 7시요.
점원：　몇 분이시죠？
야마다：2 명이요.
점원：　알겠습니다. 그럼 성함을 알려주시겠습니까？
야마다：야마다 카오루입니다.
점원：　야마다 카오루님이요. 전화번호 부탁드리겠습니다.
야마다：090-1234-5678 입니다.
점원：　확인 하겠습니다.
　　　　090-1234-5678, 맞습니까？
야마다：네.
점원：　그럼, 7 월 10 일 수요일, 7시에 기다리고 있겠습니다.
야마다：부탁드리겠습니다.
점원：　예약해 주셔서 감사합니다.

5 なぞなぞ①

Lesson 5 Riddles ①

I'm going to tell you three riddles.
① What fish makes you drunk when you eat it?
② What is broken, but always placed on the table in noodle shops?
③ People and cars go to-and-fro on it, but you can't walk in the middle of it. What is it?
  The answer to riddle ① is "sake (salmon)". The drink that makes you drunk is "sake (liquor)", so the fish you eat and gets you drunk is "sake (salmon)".
  The answer to riddle ② is "kosho (pepper)". Because "out of order" is "kosho" in Japanese.
  In riddle ③, you can't walk in the middle of it. So you have to walk on the "hashi (edge)" of it. The answer is "hashi (bridge)".

第5课 谜语①

我要出3个谜语哟。
第一题：吃了就会醉的鱼，是什么？
第二题：已经坏了，但还是放在拉面店桌上的东西，是什么？
第三题：虽然人来人往车流不息，但却不能从当中通过的地方，是什么地方？
第一题的答案是，"sake（鲑鱼）"。喝了之后会醉的是"sake（酒）"，所以吃了之后会醉的就是"sake（鲑鱼）"。
第二题的答案是，"koshou（胡椒）"。因为"坏了"的另一种说法就是"koshoushiteiru（出了故障）"。
第三题的话，因为"不能从当中通过"，所以就不得不从"hashi（边上）"通过，因此答案就是"hashi（桥）"。

제5과 수수께끼①

수수께끼를 세개 낼게．
1번, 먹으면 취하는 생선은 뭘까？
2번, 망가졌는데도 라면집 테이블 위에 놓여있는 것은 뭘까？
3번, 사람과 차가 왔다 갔다 하는 곳인데도, 가운데를 지나다닐 수 없는 장소는 어딜까？
1번의 답은 '사케（연어）'. 마시면 취하는 음료는 '사케（술）' 이므로, 먹으면 취하는 생선은 '사케（연어）'
2번의 답은 '코쇼우（후추）'. '망가지다'를 다른 말로하면, '코쇼우시테이루（고장나다）' 가 되기 때문에．
3번은 '가운데를 지나다닐 수 없다', '하시（가장자리）를 지나다녀야 한다' 이므로 답은 '하시（다리）' 야．

6 イチロー

Lesson 6 Ichiro

Do you all know "Ichiro"?
Yes, Ichiro the baseball player.
Why does he only use his first name without his family name?
Actually, his real name is "Ichiro Suzuki".

However, both "Suzuki" and "Ichiro" are common names.
His baseball manager said, "It is better to use names which stand out more", and so he decided to use "Ichiro".
Certainly, names such as Sato, Suzuki, and Takahashi are common.
The name "Ichiro" stands out very much, not only because it does not come with a family name, but also because it is written in katakana.

第6课　一朗

大家知道"イチロー（一朗）"选手吗？
没错，他就是棒球选手"イチロー（一朗）"。
为什么他只有名没有姓呢？
其实他的本名叫做铃木一朗。
但是"铃木"也好，"一朗"也好，都太普遍了。
据说是因为教练说"还是取个更引人注目的名字比较好"，所以改成了"イチロー（一朗）"。
确实像"佐藤"、"铃木"、"高桥"这样的姓氏有很多。
"イチロー（一朗）"这个名字去掉了姓氏，还写成了片假名，所以十分引人注目。

제6과　이치로

여러분은 이치로 선수를 알고 있습니까?
네. 야구선수인 이치로입니다.
왜 성은 없고 이름뿐인 걸까요?
사실 본명은 '스즈키 이치로' 입니다.
하지만 '스즈키' 도 '이치로' 도 무척 흔한 이름입니다.
감독이 '좀 더 튀는 이름을 쓰는 편이 좋겠다' 라고 말했기 때문에 '이치로' 로 정했다고 합니다.
확실히 사토, 스즈키, 다카하시라는 성은 무척 흔합니다.
'이치로' 는 성을 없앤대다가 가타카나로 했기 때문에 매우 눈에 띕니다.

▶ 7　友達同士

Lesson 7　Friends

(At a school)

Mori: Hey, did you go somewhere during the summer vacation?
Chen: Yeah, I went to Hokkaido.
Mori: Really? Whereabouts? Sapporo?
Chen: Sapporo and Hakodate.
Mori: Lucky you. How was it?
Chen: It was completely different from Tokyo. The air was clean and the food was delicious. And the night view of Hakodate was beautiful.
Mori: That's nice. Hokkaido…
Chen: Oh, do you want to see the photos I took with my cell phone?
Mori: Yeah, I'd love to.

第7课　朋友

（在学校）

森：哎、哎，暑假你去哪里了吗？
陈：嗯，我去北海道了。
森：欸！哪里？札幌？
陈：札幌和函馆。
森：真好…那里怎么样呀？
陈：和东京完全不一样呢。空气很新鲜，吃的也很好吃。还有函馆的夜景也很美哦。
森：真好…北海道啊…
陈：对了，我用手机拍的照片，要看吗？
森：要看要看！

제7과　친구 사이

（학교에서）

모리：있잖아, 여름방학에 어딘가 다녀왔니？
첸：　아, 홋카이도에 갔었어.
모리：우와！ 어디？ 삿포로？
첸：　삿포로랑 하코다테.
모리：부럽다. 어땠어？
첸：　도쿄랑은 전혀 다르더라. 공기도 깨끗하고, 음식도 맛있고. 그리고 하코다테의 야경이 참 멋지더라.
모리：부럽다. 홋카이도라….
첸：　아, 핸드폰으로 찍은 사진 볼래？
모리：볼래, 볼래！

▶ 8　欠席 (けっせき)

Lesson 8　Absent from Class

(At a school)

Smith:　Professor, can I talk to you for a minute?
Teacher: Yes, what is it?
Smith:　It's about next week's class... I wonder if I could be absent?
　　　　It's my older brother's wedding, so I'd like to go back home.
Teacher: I see. Congratulations!
Smith:　Thank you. I'll be back next Friday, so when should I submit my homework?
Teacher: Please submit it in class the week after next.
Smith:　 Okay. Thank you very much.

第8课　请假

（在学校）

史密斯：老师，现在能打扰一下您吗？
老师：　可以，什么事？
史密斯：是关于下周的课，我能请个假吗？
　　　　因为哥哥要办婚礼，我想回一下国。
老师：　是吗？恭喜啊。

史密斯：谢谢。我打算下周五回去，作业什么时候交比较好呢？
老师　：　下下周的课上交吧。
史密斯：明白了。谢谢您。

제8과　결석

(학교에서)

스미스 : 선생님, 지금 잠시 괜찮으세요?
선생님 : 네, 무슨 일이죠?
스미스 : 다음주 수업 말인데요. 결석해도 괜찮을까요?
　　　　형의 결혼식이 있어서 잠시 귀국하고 싶습니다.
선생님 : 그래요? 축하합니다.
스미스 : 감사합니다. 다음주 금요일에 돌아올 예정입니다만, 숙제는 언제 제출하면 될까요?
선생님 : 다다음주 수업시간에 제출해 주세요.
스미스 : 알겠습니다. 감사합니다.

9　手巻きずし

Lesson 9　Hand-rolled Sushi

Hand-rolled sushi is a little different from hand-shaped sushi we eat at a sushi restaurant.
It is easy to make, and it is very delicious.
You can have a hand-rolled sushi party at home with your friends.
It is fun as people choose their own filling and make the sushi themselves.
Now, I will explain how to make hand-rolled sushi.

Ingredients (for 4 people)
　　3 cups of rice
　　Vinegar mix (5 tablespoons of vinegar, 3 tablespoons of sugar, 1 teaspoon of salt)
　　4 sheets of roasted laver seaweed
　　Fillings (beef, chicken, tuna, cucumber, lettuce, etc.)
　　Mayonnaise, green horseradish mustard

① Firstly, cook the rice.
② Combine the ingredients for the vinegar mix, and mix it with the rice.
③ Divide 1 sheet of roasted laver seaweed into 4 pieces.
④ Cut the fillings into an easy-to-roll size.
⑤ Put a small amount of rice on the roasted laver seaweed.
⑥ Add some mayonnaise or green horseradish mustard.
⑦ Choose the filling you like and roll.

Now, let us have a hand-rolled sushi party together.

第9课　手卷寿司

手卷寿司和、寿司店吃的握寿司有些许不同。
做法很简单，也很好吃。
还可以和朋友和家人一起开手卷寿司派对。
吃的人可以自己选择配菜，很有意思。
现在就来说明一下手卷寿司的制作方法。

材料（4人份）
　米 3 合（1 合 = 150g）
　混合醋（醋 5 大勺，砂糖 3 大勺，盐 一小勺）
　烤紫菜 4 张
　配菜（牛肉，鸡肉，金枪鱼，黄瓜，生菜等）
　蛋黄酱，山葵

①先煮好米饭。
②调制混合醋，拌入米饭。
③将一张烤紫菜切成 4 份。
④将配菜切成方便卷入寿司的大小。
⑤在烤紫菜上放上少量米饭。
⑥涂上蛋黄酱和山葵等。
⑦放上喜欢的配菜卷起来。

喂，大家要不要一起来开个手卷寿司派对啊？

제 9 과　데마키즈시

데마키즈시(손말이 초밥)는 초밥집에서 먹을 수 있는 니기리즈시(일반 초밥)와는 조금 다릅니다.
만드는 방법은 간단하고, 무척 맛있습니다.
친구들과 집에서 데마키즈시 파티를 할 수도 있습니다.
먹는 사람이 속재료를 직접 골라서 만들기 때문에 즐겁습니다.
그럼 데마키즈시 만드는 법을 설명하겠습니다.

재료(4인분)
　쌀 3 컵
　배합초(식초 5 큰술, 설탕 3 큰술, 소금 1 작은술)
　구운 김 4 장
　속재료(소고기, 닭고기, 참치, 오이, 양상추 등)
　마요네즈, 고추냉이

① 우선 밥을 짓습니다.
② 배합초를 만들어서 밥과 섞습니다.
③ 구운 김 한 장을 4등분합니다.
④ 말기 쉬운 크기로 속재료를 자릅니다.
⑤ 구운 김 위에 밥을 조금 올립니다.
⑥ 마요네즈나 고추냉이를 바릅니다.
⑦ 좋아하는 속재료를 얹어서 맙니다.

자, 모두 함께 데마키즈시 파티를 하지 않을래요?

10 なぞなぞ②

Lesson 10　Riddles ②

I'm going to tell you a riddle.
When it's young, it has four legs. When it grows up, it has two legs. When it's old, it has three legs. What is it? Can you figure out the answer?
The answer is "a man". When he's a baby, he crawls using four legs. And as he grows up he walks on two legs.
Then why three legs when he gets old? The thing an old man often uses is a walking stick. Two legs and a walking stick make three!

第10课　谜语②

我来出个谜语。
"小的时候4条腿，长大了2条腿，年老之后三条腿的动物，是什么呢？"大家知道答案吗？答案就是"人"。人在婴儿的时候会爬，所以是四条腿。长大了就会走路了，所以是两条腿。那为什么老了之后就是三条腿呢？年老之后要用的东西是…没错，就是拐杖。所以一根拐杖和两条腿加起来就变成三条腿了。

제10과　수수께끼②

수수께끼를 내겠습니다.
'어릴 때에는 4개, 크고 나면 2개, 나이가 들면 3개의 다리를 갖는 이 동물은 무엇일까요?' 여러분은 답을 알겠나요?
답은 '사람' 입니다. 사람은 아기였을 때 기어 다니므로 4개. 크고 나면 걸어 다니기 때문에 2개.
그럼 나이가 들면 왜 다리가 3개가 되는 것일까요? 어르신들이 자주 사용하는 물건이라하면…. 맞습니다. 지팡이입니다.
지팡이 1개와 다리 2개를 합쳐서 3개가 되는 것입니다.

11 日本語ぺらぺら

Lesson 11　Fluent in Japanese

(At a school)

Hayashi: Don't you think Chris has become good at Japanese lately?
Oka:　　Yeah, I think so. He's become quite fluent.
Hayashi: When he first came to Japan, he couldn't speak Japanese at all.
Oka:　　Well, to tell you the truth, I'm seeing him.
Hayashi: What? I had no idea! How long have you two been seeing each other?
Oka:　　Almost three months now.
　　　　He asked me to teach him Japanese, and we started mailing each other, and then we started going out, and then he said he liked me…
　　　　Oh, no! I've talked too much again!

第 11 课　流利的日语

（在学校）

林：你有没有觉得最近克里斯的日语进步了呀？
冈：嗯，对。他说得越来越流利了。
林：他刚来日本的时候，一点儿都不会说，可现在…
冈：其实，我在和克里斯交朋友。
林：诶？我一点儿都没察觉…从什么时候？
冈：交往到现在已经三个月了吧。
　　他让我教他日语，于是开始互相发邮件，之后又约着一起出门，然后他就对我说喜欢我。
　　哎呀不好，我又开始说个没完了！

제 11 과　유창한 일본어

（학교에서）

하야시 : 요즘 크리스 일본어를 잘하게 된 것 같지 않아？
오카　 : 응．맞아．술술 말할 수 있게 됐지．
하야시 : 일본에 막 왔을 때에는 전혀 말도 못했었는데．
오카　 : 실은…，나 크리스랑 사귀고 있어．
하야시 : 어？ 전혀 눈치 못챘어．언제부터？
오카　 : 사귄지 벌써 3 개월 됐나….
　　　　'일본어 가르쳐 줘' 라고 부탁 받아서，메일 보내기 시작하고，같이 외출하게 되고，좋아한다고 고백 받아서….
　　　　아아，또 줄줄 말해버렸네！

▶ 12　棚からぼたもち

Lesson 12　Lucky by Chance

（At a school）

Kim:　"Akeome. Kotoyoro."
Zhang: What does that mean?
Kim:　"Akemashite omedetoo (Happy New Year)." " Kotoshi mo yoroshiku (I'm looking forward to your continued support in the coming year)."
Zhang: It doesn't make any sense if you shorten expressions too much.
Kim:　Oh, they are used quite a lot.
　　　My friend used them in an e-mail message.
Zhang: Speaking of which, when you are lucky by chance they say, "Tanabota".
Kim:　Yes, that's "Tana kara botamochi" isn't it?
　　　Well, then, do you know what "Yabuhebi" means?
Zhang: No. What does it mean?
Kim:　"Yabu o tsutsuite hebi o dasu".
　　　You do something unnecessary and it results in something bad.
Zhang: Wow! You know a lot about this stuff.
　　　But isn't it the same as "pasokon (personal computer)" or "dejikame (digital camera)"?
Kim:　Yeah, they are also shortened, aren't they?

13

第 12 课　天上掉馅饼

（在学校）

金：あけおめ。ことよろ。
张：什么意思？
金：あけましておめでとう（新年快乐）。今年もよろしく（今年也请多关照）。
张：缩得那么短的话，就听不懂意思了。
金：欸，大家都这么用呢。
　　朋友发给我的邮件上也这么写的。
张：这样说起来，偶然发生幸运的事情，是叫"たなぼた"吧。
金：嗯，是"棚からぼたもち（天上掉馅饼）"吧。
　　那你知道"やぶへび"吗？
张：不知道，是什么意思？
金："やぶをつついて蛇を出す（自寻烦恼）"，是说做了多余的事结果招来麻烦。
张：好厉害！你知道的真多啊。
　　不过，那些都和"パソコン（电脑）"、"デジカメ（数码相机）"一样吧。
金：对对，都是缩短了的。

제 12 과　굴러들어온 호박

（학교에서）

김：아케오메！고토요로！
장：뭐야 그게？
김：아케마시테 오메데토오（새해 복 많이 받아），고토시모 요로시쿠（올해도 잘 부탁해）．
장：그렇게 짧게 말하면 무슨 뜻인지 모른다고．
김：응？자주 쓰이는 말이야．
　　친구가 보낸 메일에도 써있었다고．
장：하긴 그리고 보니，예상치 않게 좋은 일이 생겼을 때 '다나보타' 라고 하기도 하지．
김：응，'다나카라 보타모찌（굴러들어온 호박）' 인 거지？
　　그럼，'야부헤비' 라고 혹시 알아？
장：아니．그건 뭐야？
김：'야부오츠츠이테 헤비오다스（긁어 부스럼 만든다）'．
　　하지 않아도 되는 일을 해서 안좋은 결과가 되어버리는 것．
장：굉장해！잘 알고 있구나．
　　하지만 그거 '파소콘（컴퓨터）' 이나 '데지카메（디지털 카메라)' 와 같은 거지？
김：그래 맞아．짧아지는 거지．

13 　片仮名ことば

Lesson 13　Words in Katakana

(At a school)

Lopez: I was asked to be a volunteer in an English class last week. But, at first, I didn't understand the word "bo-ra-n-ti-a".
Tanaka: But "bo-ra-n-ti-a" is English, isn't it?
Lopez: Yeah, but the pronunciation is totally different.
Tanaka: Oh, I see.
Lopez: There are a lot of katakana words in Japanese.
　　　　For example, you say "fa-mi-ri-i" instead of "kazoku (family)", "matsuri (festival)" becomes

"fe-su-ti-ba-ru".
Tanaka: But, I think people use "festival" and "matsuri" differently.
A traditional festival is called "matsuri".
For example, the "Nebuta Matsuri" and the "Tanabata Matsuri".
Lopez: Then when do you use the word "fe-su-ti-ba-ru"?
Tanaka: Hmm, I guess we use the word "fe-su-ti-ba-ru" for an "i-n-ta-a-na-sho-na-ru (international)" event.
The "nyu-a-n-su (nuance)" of these two words is slightly different.
Lopez: "I-n-ta-a-na-sho-na-ru", "fe-su-ti-ba-ru", "nyu-a-n-su"…
Like I said, there are a lot of katakana words in Japanese.

第 13 课　片假名词汇

（在学校）
洛佩斯：上周有人对我说"能不能请你做英语课的志愿者"，但一开始"ボランティア"是什么，我可没听明白。
田中　：欸，"ボランティア"不是英语吗？
洛佩斯：但和英语的发音可完全不同啊。
田中　：噢，是吗。
洛佩斯：日语里片假名词汇有很多呢。
　　　　比如家人说成"ファミリー"，节日说成"フェスティバル"之类的。
田中　：但"祭り"和"フェスティバル"用起来应该是有区别的。
　　　　我觉得传统的那种叫"祭り"，比如ねぶた祭り（睡魔节）、"七夕祭り（七夕节）"之类的。
洛佩斯：那"フェスティバル"是什么时候用的呢？
田中　：应该是什么インターナショナル（国际性）的イベント（活动）才叫"フェスティバル"吧。ニュアンス（语感）上稍微有点儿不同。
洛佩斯：インターナショナル、イベント、ニュアンス…日语的片假名果然很多啊。

제 13 과　가타카나 단어

（학교에서）
로페스：지난 주에 '영어 수업 보란티아 (자원봉사)를 부탁해도 될까요?' 라고 물어보더라고.
　　　　그런데 처음에는 '보란티아 (자원봉사)' 가 무슨 뜻인지 몰랐어.
다나카：어? '보란티아' 는 영어잖아.
로페스：그래도 영어 발음과는 전혀 달라.
다나카：아, 그런가.
로페스：일본어에는 가타카나 단어가 많잖아.
　　　　예를 들어서 가족을 '파미리', 마쓰리 (축제) 는 '페스티바루' 라든지.
다나카：그래도 '마쓰리' 랑 '페스티바루' 의 경우는 구분해서 사용되고 있지 않나?
　　　　전통적인 것에는 '마쓰리' 를 사용하는 것 같아. 예를 들어 '네부타 마쓰리' 나, '다나바타 마쓰리' 라든지.
로페스：그럼 '페스티바루' 는 언제 사용해?
다나카：역시 뭔가 인타나쇼나루 (국제적인) 이벤토 (행사) 일 때에는 '페스티바루' 려나.
　　　　조금 뉴앙스 (어감) 가 다르거든.
로페스：인타나쇼나루, 이벤토, 뉴앙스….
　　　　역시 일본어에는 가타카나 단어가 많구나.

14 お互いさま

Lesson 14　Mutual Interest

(At a school)

Bae: Sorry, but could you do me a favor?
　　　You know you said you're going to the library soon.
Li:　Yeah. I have to write a report by tomorrow.
Bae: Well, I know it's a nuisance, but could you return this book for me?
　　　It's due today but I have to go to my part-time job now.
Li:　Okay, sure. Then can I ask you a favor in return?
Bae: Yeah, what?
Li:　Can you lend me your notebook for Japanese?
　　　I had a cold last week and I was absent from class.
Bae: Okay, no problem. Here you are.

第 14 课　彼此彼此

（在学校）

裴：不好意思！有点事想麻烦你一下…
　　刚才你说一会儿要去图书馆的吧。
李：嗯，明天之前必须要写完报告，所以…
裴：那，不好意思呀，这本书能不能帮我还掉？
　　今天就到期了，但是我马上要去打工了…
李：嗯，没问题。我也有点事想麻烦你。
裴：什么事？
李：日语课的笔记能不能给我看一下呀？
　　因为上周我感冒请假了。
裴：嗯，可以。喏，给你。

제 14 과　피차일반

(학교에서)

배 : 미안! 좀 부탁할 게 있는데….
　　조금 전에 지금부터 도서관에 간다고 했지?
리 : 응. 내일까지 리포트를 다 써야 해서.
배 : 그럼 미안하지만 이 책 반납 해줄래?
　　반납이 오늘까지인데 아르바이트 시간이 다가와서….
리 : 그래 알았어. 나도 부탁하고 싶은게 있는데.
배 : 뭔데?
리 : 일본어 수업 노트 좀 보여 주면 안될까?
　　지난주 감기 때문에 수업을 빠져서….
배 : 응 좋아. 자 여기.

15 住めば都

Lesson 15　Home Is Where I Hang My Hat

Everyone feels lonely at first when they start living overseas because of a job transfer or studying abroad.
"I feel really lonely without my family and friends."
"Local people talk so fast that I can't catch a single word."
"Come to think of it, I shouldn't have come to study abroad."
Most people cannot adjust to their new environment easily, and may be in shock, feel uneasy and homesick.
If you are in such a situation, this proverb might help you: "Home is where I hang my hat". It means that once you live in a place, it grows on you. Wherever you go, let's hope you can start your new life with the feeling of "Home is where I hang my hat".

第 15 课　久居为安

因工作调动或留学等去国外时，一开始谁都会感到心中不安。
"没有家人，也没有朋友，太寂寞了"
"当地人讲话太快，听不懂"
"要是没来留学就好了…"
大部分人都无法迅速适应新的环境，会感到惊慌，不安，想家。
在那时候，对我们有帮助的成语就是"久居为安"。意思是"无论是什么地方只要住久了之后，就会觉得是个好地方"。无论去哪里，都能带着"久居为安"的心情开始新生活，那就好了。

제 15 과　정들면 고향

전근이나 유학으로 외국에 나가게 되면 처음에는 누구나 마음이 허전하기 마련입니다.
'가족도 친구도 없어서 무척 외로워.'
'현지 사람들 말은 너무 빨라서 모르겠어.'
'역시 유학 따윈 하지 말 걸 그랬어….'
대부분의 사람들은 새로운 환경에 쉽게 적응하지 못해서 놀라기도 하고, 불안해 하기도 하며, 향수병에 걸리기도 합니다.
그런 때에 도움이 되는 속담이 '정들면 고향' 입니다. '어떤 곳이라도 살아 보면 좋은 곳이라고 생각하게 된다' 라는 의미입니다. 어디에 가도 '정들면 고향' 이라는 기분으로 시작해 본다면 좋겠지요.

16 今日の天気

Lesson 16　Today's Weather

Until yesterday, we had pleasantly cool days, but now the hot weather of midsummer has come back. The temperature rose to over 30 degrees in many parts of Japan today.
By the way, what kind of food do you think of when you hear the word "summer"? For me, shaved ice comes to mind. They call 25th July "shaved ice day". When you eat shaved ice on a hot summer day, it cools you down.
Well, let's get back to today's weather. Due to the unstable state of the atmosphere, there will be

scattered showers and thunderstorms here and there.

第 16 课　今天的天气

到昨天为止，天气一直都很舒适凉爽，但今天盛夏的炎热又重新回来了，全国各地都是气温超过三十度的炎炎夏日。

提到夏天，大家会想到什么食物呢？我会想到冰沙。据说 7 月 25 日是"冰沙日"。夏日里的冰沙，能降低发热的身体的温度。

好，我们来看一下今天接下来的天气，由于大气处于不稳定状态，预计各地将会有骤雨或雷雨发生。

제 16 과　오늘의 날씨

어제까지는 활동하기 좋은 선선한 날씨가 계속됐지만, 다시 한여름의 더위가 찾아왔습니다. 오늘은 전국 각지에서 30 도를 넘는 한여름의 날씨였습니다.

그런데 여러분께서는 여름 하면 어떤 음식을 상상하시나요? 저는 빙수가 떠오릅니다. 7 월 25 일은 '빙수의 날' 이라고 합니다. 더운 날 빙수는 뜨거워진 몸을 식혀주지요.

자, 오늘의 이 시간부터 날씨입니다만 대기의 상태가 불안정하므로 이곳 저곳에서 소나기와 천둥번개를 동반한 비가 내리겠습니다.

17　秋葉原の文化

Lesson 17　Pop Culture in Akihabara

What comes into your mind when you hear Akihabara? Probably the town's strong association with electric appliance shops. Certainly, there are a lot of shops where you can buy electric appliances at cheap prices.

But, recently, it's become famous for its maid cafes and animation goods shops. In one of the maid cafes, a young waitress, dressed in a maid costume, greets you saying, "Welcome to our café, Master!" In animation goods shop you can buy figures and costumes of animation characters.

Akihabara, with its pop culture rapidly developing in this way, has now become an attractive place for foreign tourists to visit.

第 17 课　秋叶原的文化

听到秋叶原，你会想到什么呢？一定是电器街的印象比较深吧。秋叶原集中了许多能够买到便宜电器产品的商店。

但最近，作为女仆咖啡店和动漫相关的街道也很出名。在女仆咖啡店，会有身着女仆装的年轻女生说着"欢迎光临，主人"来迎接你。在动漫相关的商店，有玩偶和动漫服装出售。

像这样不断有新文化产生的秋叶原，如今已成为外国游客的人气景点。

제 17 과　아키하바라 문화

아카하바라 하면 당신은 무엇이 머릿속에 떠오르나요? 전자제품 거리로서의 이미지가 강하지 않나요? 아키하바라에는 전자제품을 싸게 구입할 수 있는 가게들이 밀집해 있습니다.

하지만 최근에는 메이드카페나 애니메이션 관련 상품의 거리로서도 유명합니다. 메이드카페에서는 메이드 복장을 한 젊은 웨이트리스가 '어서 오세요, 주인님' 하며 환영해 줍니다. 애니메이션 관련 상점에서는 피규어와 코스프레 의상 등을 판매합니다.

이처럼 계속해서 새로운 문화가 생겨나는 아키하바라는 현재 외국인관광객의 인기명소가 되어 있습니다.

18 奈良の大仏

Lesson 18　The Great Buddha of Nara

　When people go to Nara, everybody visits the Hall of the Great Buddha at Todaiji Temple. Pass through the Nandaimon gate, and you will see the Hall of the Great Buddha in front of you.
　The Hall is said to be one of the biggest wooden buildings in the world. The statue of the Great Buddha is about 15 meters high. The open palm held out to you is about 2.5 meters long from the wrist to the tip of the middle finger. Looking at the statue, you can feel its long history of more than 1,200 years.
　There is a hole in one of the pillars in the Hall. It is said that if you go through this hole, you will not get sick and will live for a long time. The size of the hole is almost the same size as one of the Buddha's nostrils. I would love to go through the hole.

第 18 课　奈良的大佛

　如果去奈良的话，每个人都会造访的应该是东大寺的"大佛殿"吧。穿过南大门，就能看到大佛殿。
　据称大佛殿在木造建筑中是世界最大的建筑。大佛高约 15 米，向前摊开的手掌，从手腕到中指之间，约有 2.5 米之长。从它的姿态中，能让人感受到长达 1200 多年的悠久历史。
　大佛殿的一根柱子上有一个洞，人们说如果能钻过这个洞，就不会生病，就能够长寿。据说这个洞的大小和大佛的鼻孔一样大。真想去钻钻看这个洞。

제 18 과　나라의 대불

　나라에 가면 누구나가 방문하는 곳이 도우다이지의 '대불전' 일 것이다. 남대문을 빠져 나오면 대불전이 보인다.
　대불전은 목조 건축물로는 세계최고라고 전해지고 있다. 대불은 높이가 약 15 미터 정도이며, 앞을 향해 활짝 편 손바닥은, 손목에서부터 중지 끝까지의 길이가 약 2.5 미터에 달한다고 한다. 그 모습에서 1200 년을 넘는 긴 역사가 느껴진다.
　대불전의 기둥 중 하나에는 구멍이 나 있는데, 그 구멍 사이를 통과하게 되면 병에 걸리지 않거나 장수할 수 있다고 알려져 있다. 이 구멍은 대불의 콧구멍의 크기와 비슷하다고 한다. 꼭 이 구멍을 통과해 보는 것이 어떨까.

19 三日坊主

Lesson 19　Short-lived Determination

(In a park)

Sato:　　　Oh, Ms. Yamamoto. Hi!
Yamamoto: Oh, Mr. Sato! It's been a long time.
Sato:　　　What a surprise to see you here.
Yamamoto: Yes…
Sato:　　　Do you often jog around here?
Yamamoto: Yes, every morning. I jog around here and then go to work.

Sato: Oh, is that right? Every morning! That's great!
Yamamoto: How about you, Mr. Sato?
Sato: I just started jogging yesterday.
Recently, I've not been exercising enough…
Last year, I tried jogging, but it didn't last for long.
This time, I want to stick to it.
Yamamoto: I see.
Well…If it's okay with you, I can be your jogging partner from tomorrow.
Sato: Oh, really? Thank you very much.
If we do that, I'm likely to keep doing it.
Yamamoto: Well then, let's jog together from tomorrow.

第 19 课　三天打渔，两天晒网

（在公园）

佐藤：嗳呀，山本，你好。
山本：啊，佐藤，好久不见。
佐藤：能在这种地方碰到，真巧啊。
山本：是啊。
佐藤：你常在这一带跑步的吗？
山本：嗯，每天早上都是在这一带慢跑上一会儿之后，再去公司的。
佐藤：真的吗？每天早上都跑，真厉害。
山本：佐藤你呢？
佐藤：我昨天才开始的。
　　　因为最近有点儿运动不足…
　　　去年也挑战过慢跑，但是没能坚持下来。
　　　我决心这次一定不再三天打渔两天晒网了。
山本：是吗。
　　　如果你觉得可以的话，明天开始我们一起跑，好吗？
佐藤：啊，可以吗？谢谢你！
　　　这样一来，应该能坚持下去的。
山本：那从明天开始，我们一起加油吧。

제 19 과　작심삼일

（공원에서）

사토：어머, 야마모토씨, 안녕하세요?
야마모토：아, 사토씨, 오랜만이에요.
사토：이런 곳에서 뵙게 되다니, 우연이네요.
야마모토：그렇네요.
사토：이 근처 자주 뛰시나요?
야마모토：네. 매일 아침 이 근처에서 조깅을 한 후에 회사에 간답니다.
사토：그러세요? 매일 아침이라니 대단하시네요.
야마모토：사토씨는요?
사토：어제부터 시작했어요.
　　　요새 조금 운동부족이라서….
　　　작년에도 조깅에 도전했었는데, 꾸준히 하지를 못해서….
　　　이번에야말로 작심삼일이 되지 않도록 해야 하는데.
야마모토：그러세요?
　　　혹시 괜찮으시면 내일부터 함께 뛰지 않으실래요?
사토：아, 괜찮을까요? 감사합니다.

그렇게 하면 오래 꾸준히 할 수 있을 것 같은데요.
야마모토 : 그럼 내일부터 같이 열심히 합시다.

20 若(わか)さの秘訣(ひけつ)

Lesson 20　The Secret of Youth

Diets, beauty-treatments, supplements, anti-aging.
These are the words that we see a lot recently on TV and in magazines. These words represent various ways to keep one's health and youth. Is it only present day people who want to stay young? No, it seems not.

　Once upon a time, an old man and his wife lived in a certain place. One day, when the old man went into the mountains to collect firewood, he found a beautiful spring. He took a sip of the spring water and went home. His wife was very surprised when she saw him coming home. He looked very young and healthy. The old man said it was the water from the spring that made him young. His wife immediately left for the spring, but she took her time in coming back. The old man became worried and went to the spring. There he found a baby crying in his wife's kimono. She was so eager to become young, she had gulped down too much water.

　If you ever came across a spring like this, would you want to drink the water?

第 20 课　年轻的秘诀

　减肥，美容，补充营养，抗老化。
　最近，这些词汇经常在电视和杂志上听到看到。它们都是用以表示为了保持健康年轻的各种方法的词汇。想要青春永驻的只有现代人吗？不，好像并不是这样。

　"很久以前，有一个地方住着一位老爷爷和一位老奶奶。有一天，老爷爷正在山上砍柴，忽然发现了一口清澈的山泉。老爷爷喝了一口泉水便回家了。看到回到家的老爷爷，老奶奶大吃一惊。老爷爷变成了一个充满活力的年轻人。老爷爷说是因为喝了那口泉水。老奶奶便立刻出门去找那口山泉，但过了很久她都没有回来。老爷爷很担心，就去山泉那里找。于是，看到一个穿着老奶奶和服的婴儿正在那里哭。原来是因为老奶奶想要变得年轻，喝了太多的泉水。"

　如果真的有这样的泉水，你是不是也会想要喝上一口？

제 20 과　젊음의 비결

　다이어트, 에스테틱, 건강보조제, 안티 에이징.
　최근 이런 단어들을 텔레비전, 잡지 등에서 자주 봅니다. 건강이나 젊음을 유지하기 위한 여러가지 방법을 나타내는 단어들 입니다.
　젊음을 유지하고 싶어하는 마음은 현 시대 사람들만의 것일까요? 아니요. 그렇지 않은 것 같습니다.

　"옛날 옛적 어느 곳에 할아버지와 할머니가 살고 있었습니다. 어느 날 할아버지가 산에서 땔감을 모으고 있다가 아름다운 샘터를 발견했습니다. 할아버지는 그 물을 한모금 마시고 집에 돌아왔습니다. 집에 돌아온 할아버지를 본 할머니는 깜짝 놀랐습니다. 건장한 청년이 되어 있었기 때문입니다. 할아버지는 샘물 덕분이라고 말했습니다. 할머니는 곧바로 샘터로 나섰지만, 좀처럼 집으로 돌아오지 않았습니다. 할아버지는 걱정이 되어 샘터로 갔습니다.

그러자 할머니의 기모노를 입은 아기가 울고 있었습니다. 할머니는 젊어지고 싶은 마음에 샘물을 너무 많이 마셔버렸던 것입니다."

이런 샘물이 정말로 있다면 당신도 그 물을 마시고 싶은가요?

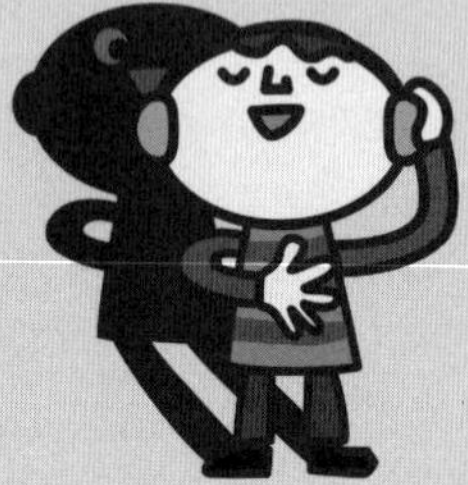